Duden

222 Grammatikübungen

5. bis 8. Klasse

Regeln und Formen zum Üben

5., überarbeitete Auflage
Mit Illustrationen
von Elena La Rovere

Dudenverlag
Berlin

Die Rechtschreibung in diesem Buch folgt im Falle von Schreibvarianten den Empfehlungen von Duden – Die deutsche Rechtschreibung.

Die Duden-Sprachberatung beantwortet Fragen zu Rechtschreibung, Grammatik, Zeichensetzung u. Ä.
montags bis freitags zwischen 09:00 und 17:00 Uhr.
Aus Deutschland: **09001 870098** (1,99 € pro Minute aus dem Festnetz)
Aus Österreich: **0900 844144** (1,80 € pro Minute aus dem Festnetz)
Aus der Schweiz: **0900 383360** (3,13 CHF pro Minute aus dem Festnetz)
Die Tarife für Anrufe aus den Mobilfunknetzen können davon abweichen.

Bibliografische Informationen der Deutschen Nationalbibliothek
Die Deutsche Nationalbibliothek verzeichnet diese Publikation in der Deutschen Nationalbibliografie; detaillierte bibliografische Daten sind im Internet über http://dnb.dnb.de abrufbar.

Bibliographisches Institut GmbH, Mecklenburgische Straße 53, 14197 Berlin

Autorinnen und Autoren Werner Braukmann, Claudia Fahlbusch, Johannes Greving
Redaktionelle Leitung David Harvie
Redaktion Claudia Fahlbusch, Dr. Anja Steinhauer

Herstellung Uwe Pahnke
Layout Bachmann Design, Weinheim
Illustration Elena La Rovere
Umschlaggestaltung sauerhöfer design, Neustadt
Umschlagabbildung Mädchen (fizkes/Shutterstock.com), Junge (Yulia Prizova/Shutterstock.com)

Satz Elstersatz, Stefan Hergenröder, Wildflecken
Druck und Bindung AZ Druck und Datentechnik GmbH, Heisinger Straße 16, 87437 Kempten
Printed in Germany

ISBN 978-3-411-73648-5

www.duden.de

PEFC
PEFC/04-31-2260

PEFC zertifiziert
Dieses Produkt stammt aus nachhaltig bewirtschafteten Wäldern und kontrollierten Quellen.

www.pefc.de

Inhalt

5 Vorwort ... 6

① Wortarten

1.1 Grundsätzliches
5 Wortarten unterscheiden ... 7
5–6 Konjugation und Deklination ... 9

1.2 Substantive
5 Was sind Substantive? ... 12
5 Genus und Numerus ... 13
5–6 Kasus ... 14

1.3 Artikel
5 Bestimmter und unbestimmter Artikel ... 16

1.4 Verben
5 Was sind Verben? ... 17
5 Die unveränderlichen (infiniten) Verbformen ... 18
5 Die veränderlichen (finiten) Verbformen ... 19
5 Präsens ... 21
5 Präteritum ... 22
5 Perfekt ... 24
6 Plusquamperfekt ... 25
6 Futur I ... 26
6 Futur II ... 27
7 Aktiv und Passiv ... 34
7 Bildung des Passivs ... 36
7 Passivformen ... 38
7 Vorgangs- und Zustandspassiv ... 39
7 Täterloses Passiv ... 41
6 Indikativ, Imperativ und Konjunktiv ... 42
7 Konjunktiv I: Verwendung und Bildung ... 43
7 Indirekte Rede ... 44
7–8 Konjunktiv II: Verwendung und Bildung ... 45
8 Modalverben, Futur, Modaladverbien ... 51

1.5 Adjektive
5 Was sind Adjektive? ... 53
6 Die Steigerung von Adjektiven ... 55

1.6 Pronomen
6–7 Personalpronomen ... 56
6–7 Possessivpronomen ... 57
6–7 Reflexivpronomen ... 58
6–7 Demonstrativpronomen ... 59
6–7 Relativpronomen ... 60
6–7 Indefinitpronomen ... 61

1.7 Präpositionen
6 Gebrauch und Funktion ... 62

1.8 Konjunktionen
5–6 Gebrauch und Funktion ... 64

1.9 Adverbien
5–6 Gebrauch und Funktion ... 66

1.10 Numeralia
7 Bestimmte und unbestimmte Numeralia ... 68

1.11 Interjektionen
7 Gebrauch und Funktion ... 69

1.12 Verschiedenes
7 Substantivierung verschiedener Wortarten ... 70

② Wortbildung

2.1 Ableitungen
6 Wortstamm, Präfixe und Suffixe ... 72

2.2 Zusammensetzungen
6 Grundwort und Bestimmungswort ... 76

Empfohlen für: 5 = 5. Klasse 6 = 6. Klasse 7 = 7. Klasse 8 = ab 8. Klasse
5–6 = 5.–6. Klasse usw.

2.3 Wortkürzung
6 Kurzwortbildung 78

2.4 Wortfeld und Wortfamilie
5–6 Wortfeld und Synonyme 79
5–6 Wortfamilie 81

2.5 Homonym und Antonym
7–8 Homonym 82
7–8 Antonym 83

3 Satzglieder

3.1 Grundsätzliches
5–6 Umstellprobe und Ersatzprobe 84

3.2 Satzglieder unterscheiden
5 Subjekt 87
5 Prädikat 89
5 Objekt 91
5 Akkusativobjekt 92
5 Dativobjekt 94
5 Genitivobjekt 96
5 Präpositionalobjekt 100
6 Attribut 102
5–6 Adverbiale Bestimmung 104
5–6 Attribut, adverbiale Bestimmung und Präpositionalobjekt 108

4 Der Satz

4.1 Grundsätzliches
5 Aussagesatz 110
5 Fragesatz 111
5 Aufforderungssatz 112

4.2 Satzreihe und Satzgefüge
6–7 Hauptsatz und Nebensatz 113
6 Satzreihe und Satzgefüge 116
7 Satzreihen verbunden mit Adverbien 118
8 Die Zeitenfolge im Satzgefüge 119
8 Komplexe Satzgefüge 120

4.3 Nebensätze nach der Art ihrer Verknüpfung
6–8 Relativsätze 124
7–8 Konjunktionalsätze 127
5–6 Indirekte Fragesätze 129
7–8 Infinitivsätze 130
7–8 Partizipialsätze 132

4.4 Nebensätze nach der Art ihrer Funktion
7 Subjektsatz und Objektsatz 135
7 Adverbialsätze 136
7 Attributsätze 138
8 Nebensätze unterscheiden 139

5 Grammatik und Stil

5.1 Wörter und ihre Bedeutung
7–8 Denotation und Konnotation 140
6 Sprachliche Bilder 142
6–7 Vergleich, Metapher und Personifikation 143
8 Ober- und Unterbegriffe 145
5 Gesprochene und geschriebene Sprache 146
6 Umgangssprache und Standardsprache 147
8 Dialekt, Idiolekt und Soziolekt 149

5.2 Texte überarbeiten und verbessern
6–8 Wiederholungen vermeiden, anschauliche Verben verwenden 150
6 Fremdwörter und Fachbegriffe sinnvoll verwenden 154
6 Synonyme und Vergleiche 156
6 Nichtssagende Wörter und Umgangssprache vermeiden 157
7 Abwechslungsreicher Satzbau 158
7 Nominalstil und Verbalstil 160

Empfohlen für: 5 = 5. Klasse 6 = 6. Klasse 7 = 7. Klasse 8 = ab 8. Klasse 5–6 = 5.–6. Klasse usw.

Die Bausteine unserer Sprache

1 **Laute und Buchstaben** 161

2 **Wörter** 162
2.1 Die Form der Wörter 162
2.2 Der Aufbau der Wörter 163
2.3 Die Bildung der Wörter 163

3 **Sätze** 165
3.1 Der Aufbau von Sätzen 165
3.2 Satzglieder und Gliedsätze 165
3.3 Nebensätze im Überblick 166

Lösungen

1 Wortarten 167
2 Wortbildung 176
3 Satzglieder 178
4 Der Satz 182
5 Grammatik und Stil 187

Register 192

Liebe Schülerin, lieber Schüler!

Grammatik und die zugehörigen Regeln und Begriffe bereiten dir Schwierigkeiten? Mach dir nichts daraus, denn Grammatik kann man üben. Mit diesem Buch bist du auf dem richtigen Weg.
Der Schwerpunkt dieses Bandes ist das Üben – mehr als 222 abwechslungsreiche Aufgaben ermöglichen dir, dich auf die Klassenarbeit vorzubereiten, die Grammatik zu trainieren und auf allen Gebieten der Grammatik mehr Sicherheit zu bekommen.

Infokästen

In den Kästen, die den einzelnen Kapiteln und Unterkapiteln vorangestellt sind, findest du zusätzlich kurze Regeln und Merksätze. Sie liefern den Stoff, den du aus der Schule kennst, in kleinen Portionen zum Auffrischen und Wiederholen. Oft gibt es hier auch wertvolle Tipps und natürlich Beispiele. Anschließend kannst du das Wissen aus den Infokästen anhand der nachfolgenden Aufgaben üben.
Merke dir: Es ist nicht wichtig, dass du die Regeln auswendig lernst, sondern dass du sie anwendest und durch **Übung** zum Meister wirst!

Es gibt ganz unterschiedliche Arten von Übungen. Manche trainieren dein Grammatikverständnis, andere helfen dir, deinen grammatischen Stil zu verbessern. Einige Aufgaben löst du direkt im Buch, für andere brauchst du ein Übungsheft.
Damit du dich bei den Übungen leichter zurechtfindest, steht in der Randspalte die **Klassenstufe,** für die die Aufgaben geeignet sind. Dies ist aber nur eine grobe Einordnung zur Orientierung, schließlich unterrichtet nicht jeder Lehrer gleich und oft werden in späteren Jahrgängen Themen noch einmal wiederholt. Wenn du vor dem Üben noch einmal Grundsätzliches zum Thema Grammatik nachlesen möchtest, schau dir das Kapitel „Die Bausteine unserer Sprache“ (↑ S. 161) an.
Die ausführlichen **Lösungen** zu den Übungen findest du ab Seite 167 und auf der letzten Seite kannst du mithilfe des **Registers** nach einzelnen Stichwörtern suchen.

Viel Spaß beim Trainieren! Und beim Besserwerden!

1 Wortarten

1.1 Grundsätzliches

Wortarten unterscheiden

Wörter werden nach bestimmten Merkmalen in Wortarten eingeteilt. Es gibt veränderbare (flektierbare) und unveränderbare (unflektierbare) Formen.

Veränderliche Wortarten sind:

- **Verb** (Tätigkeitswort/Zeitwort): *gehen, überlegen, sein, haben, wollen ...*
- **Substantiv** (Nomen, Hauptwort): *Buch, Flasche, Freiheit ...*
- **Pronomen** (Stellvertreter, Fürwort): *ich, du, er ...; mein, dein ...; das, jenes ...*
- **Adjektiv** (Eigenschaftswort): *blau, gut, laut, unglücklich, schnell ...*
- **Artikel** (Begleiter): *der, die, das; ein, eine; des, dem, einem ...*
- **Numerale** (Zahlwort, Zahladjektiv): *ein, zwei, zehn, hundert, der Erste, die zweite Woche, dreifach ...*

Die Formveränderung bei Verben heißt **Konjugation**, bei allen anderen veränderbaren Wortarten heißt sie **Deklination** (↑ S. 9).

Unveränderliche Wortarten sind:

- **Präposition** (Verhältniswort): *unter, in, auf, neben, zwischen, seit, hinter ...*
- **Adverb** (Umstandswort): *sehr, heute, dort, wohl, unten ...*
- **Konjunktion** (Bindewort): *und, weil, obwohl, aber, während, als ...*
- **Interjektion** (Ausrufe- und Empfindungswort): *ah, hallo, au, hi, wow ...*

1 **Trage die oben genannten Wortarten an den richtigen Stellen ein.**

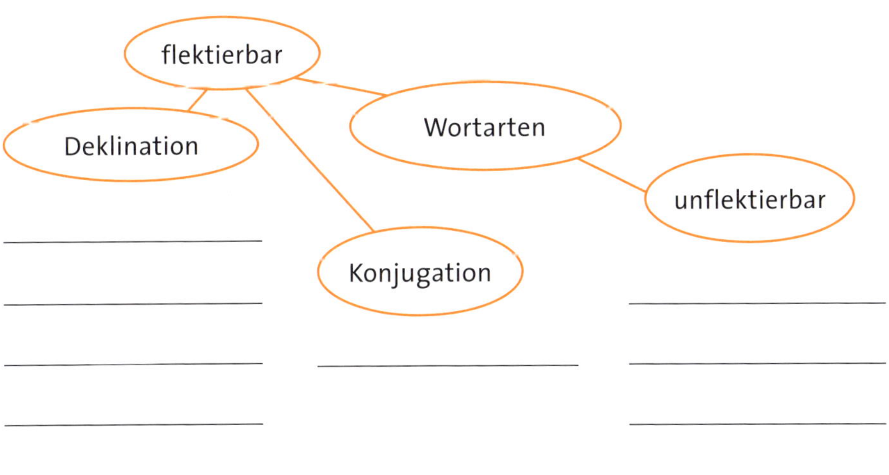

2 **Bestimme im folgenden Satz die Wortarten.**

1 „Oh“, 2 sagte 3 der 4 Lehrer, 5 „ich 6 glaube, 7 ich 8 bin 9 hier 10 in 11 einem 12 falschen 13 Raum, 14 ich 15 suche 16 den 17 Chemieraum 18 und 19 meine 20 Klasse!“

1) ______________________ 2) ______________________

3) ______________________ 4) ______________________

5) ______________________ 6) ______________________

7) ______________________ 8) ______________________

9) ______________________ 10) ______________________

11) ______________________ 12) ______________________

13) ______________________ 14) ______________________

15) ______________________ 16) ______________________

17) ______________________ 18) ______________________

19) ______________________ 20) ______________________

3 **Das Wort *sein* gibt es in zwei verschiedenen Wortarten. Schreibe sie auf.**

sein ist ein ______________________

und *sein* ist ein ______________________.

Konjugation und Deklination

Die meisten Wörter können gebeugt werden. Bei Verben heißt diese Formveränderung **Konjugation.** Man konjugiert das Verb nach

- **Person** *(ich, du, er/sie/es, wir, ihr, sie)* und **Numerus** (Singular oder Plural),
- **Tempus** (Zeitform: Präsens, Perfekt, Präteritum, Plusquamperfekt, Futur I und Futur II),
- **Genus Verbi** (Handlungsart: Aktiv oder Passiv),
- **Modus** (Aussageart: Indikativ, Konjunktiv, Imperativ).

Die Formveränderung von Substantiven, Adjektiven, Artikeln und Pronomen heißt **Deklination.** Man verändert oder dekliniert nach

- **Genus** (Geschlecht: Maskulinum, Femininum, Neutrum),
- **Numerus** (Singular oder Plural),
- **Kasus** (Fall: Nominativ, Genitiv, Dativ, Akkusativ).

4 **Welche Wörter kann man konjugieren, welche deklinieren? Schreibe *konjugierbar* oder *deklinierbar* auf die Linien. Drei Wortarten kann man nicht verändern. Welche? Schreibe bei ihnen *unveränderlich* auf die Linien.**

a) Possessivpronomen ____________________

b) Verben ____________________

c) Demonstrativpronomen ____________________

d) unbestimmter Artikel ____________________

e) Substantive ____________________

f) Adjektive ____________________

g) Konjunktionen ____________________

h) Personalpronomen ____________________

i) bestimmter Artikel ____________________

j) Reflexivpronomen ____________________

k) Präpositionen ____________________

l) Indefinitpronomen ____________________

m) Adverbien ____________________

5 **Füge jeweils ein passendes Wort in der angegebenen Wortart aus dem Wortspeicher ein. Achte auf die richtigen Formen.**

die – sein – schauen – flink – Berg – Schule – lieben – Freund – spannend

a) Unser Postbote wird „der ____________________ (Adjektiv) Fritz“ genannt.

b) „Ich ____________________ (Verb) Ferien!“, schwärmte Kris.

c) „Diesmal fahren wir in die ____________________ (Substantiv).“

d) Heute gehen ________________________ (Artikel + Substantiv) ins Kino.

e) Sie ______________________ (Verb) sich den _____________ (Adjektiv) Fantasyfilm an.

f) Gestern _______________ (Verb) ich krank. Heute kann ich wieder zur ______________________ (Substantiv) gehen.

6 **In diesem Satz fehlen einige Wörter. Ergänze sie. Vielleicht erkennst du mithilfe der angegebenen Wörter den gesuchten Unsinnsvers. Wenn nicht, kannst du auch andere Wörter der genannten Wortarten ergänzen.**

Dunkel war's, __________ (Artikel) Mond _______________ (Verb) helle, als ___________ (Artikel) Auto ________________ (Adjektiv) langsam ___________ (Präposition) die _____________ (Substantiv) __________________ (Verb).

7 **Bestimme im folgenden Satz die Wortarten. Schreibe sie jeweils abgekürzt unter die Wörter.**

„Ey	Maja,	nun	komm“,	ruft	Anne,	„es
Int.	___	___	___	___	___	___
ist	der	erste	schöne	Tag	und	wir
___	___	___	___	___	___	___
wollen	an	den	Baggersee!“			
___	___	___	___			

8 **Schau dir die hervorgehobenen Wörter im Satz genau an. Trage dann die Wortarten auf den Linien unter den Wörtern ein.**

a) „Seid ihr seit der 5. Klasse miteinander befreundet?“

seid: ______________________________

seit: ______________________________

b) „Dass das Fahrrad, das ich gestern gesehen habe, so teuer ist, ist ärgerlich!“

dass: ______________________________

das (Fahrrad): ______________________________

das (ich): ______________________________

1.2 Substantive

Was sind Substantive?

Substantive bezeichnen
- **Lebewesen, Pflanzen und Eigennamen:** *Frau, Hase, Kind, Mensch, Baum, Primel, Tulpe, Alina, Matteo ...*
- **Dinge:** *Stuhl, Auto, Topf ...*
- **Begriffe** für Gefühle, Vorgänge und Vorstellungen: *Freude, Seele, Idee ...*

9 **Ordne die Substantive aus dem Wortspeicher in die Tabelle ein.**

Hamster – Pulli – Liebe – Enkel – Motorrad – Ruhe – Verstand – Pferd – Klavier – Mensch – Tulpe – Hass – Haus – Klingel – Angst – Blaumeise – Schreibtisch – Bruder – Abenteuer – Erdbeere – Anfang – Geschenk – Großmutter – Mut – Kaffeetasse – Stofftier – Bewusstsein

Lebewesen	Dinge	Begriffe

Genus und Numerus

Der begleitende **Artikel** eines Substantivs gibt das **Genus** (Geschlecht) an. Man unterscheidet

- **Maskulinum** (männlich): *der Baum / ein Baum,*
- **Femininum** (weiblich): *die Katze / eine Katze,*
- **Neutrum** (sächlich): *das Haus / ein Haus.*

Die Endung des Substantivs und der begleitende Artikel zeigen den **Numerus** eines Substantivs an. Man unterscheidet **Singular** (Einzahl) und **Plural** (Mehrzahl). Die Pluralformen werden unterschiedlich gebildet.

- Die häufigsten Pluralendungen sind *-e, -er, -(e)n* und- *s: der Schuh – die Schuh***e***, das Kind – die Kind***er***, die Tasse – die Tasse***n***, das Auto – die Auto***s***.*
- Bei manchen Substantiven wird aus dem Vokal ein Umlaut: *die Hand – die H***ä***nde, der Sohn – die S***ö***hne, das Buch – die B***ü***cher, der Baum – die B***ä***ume.*
- Manche Substantive kommen nur im Singular oder nur im Plural vor: *das Obst, die Ferien.* Andere haben unregelmäßige oder mehrere Pluralendungen: *die Rhythmen, der Globus – die Globen / Globusse.*

10 **Schreibe die Lebewesen und Dinge aus Übung 9 mit ihrem Artikel und mit ihrer Pluralform auf.**

der Hamster, die Hamster

Kasus

Substantive verändern sich, je nachdem, welche Rolle sie im Satz einnehmen. Diese Veränderung nennt man **Deklination** oder Beugung (↑ S. 9). Wird ein Substantiv dekliniert, steht es in einem bestimmten Kasus (Fall). Im Deutschen gibt es vier Fälle:

- **Nominativ (1. Fall):** Wer oder was? → *das Kind,*
- **Genitiv (2. Fall):** Wessen? → *des Kindes,*
- **Dativ (3. Fall):** Wem? → *dem Kind,*
- **Akkusativ (4. Fall):** Wen oder was? → *das Kind.*

11 **Bestimme die Fälle.**

a) des Mannes ______________________

b) dem Mann ______________________

c) den Mann ______________________

d) der Mann ______________________

12 **Setze die Substantive in die angegebenen Fälle und das richtige Genus (↑ S. 13). Wähle passende Artikel und Adjektive und setze sie wie im Beispiel ein.**

a) Kleid (Nominativ Singular) das hübsche Kleid

b) Haus (Dativ Singular) ______________________

c) Brief (Genitiv Plural) ______________________

d) Buch (Akkusativ Singular) ______________________

e) Schuh (Nominativ Plural) ______________________

f) Baum (Nominativ Singular) ______________________

13 **Trage die Fachbegriffe in die Klammern ein: Genus, Numerus, Kasus, Tempus.**

Wörter werden dekliniert, je nachdem, in welchem Fall (______________) sie stehen, welches Geschlecht (______________) sie haben und ob es sich um Ein- oder Mehrzahl (______________) handelt.

Konjugiert wird je nach Person (1., 2. und 3. Person), nach Zeitform (______________) sowie Ein- oder Mehrzahl (______________).

14 **Bestimme die Fälle in den folgenden Sätzen. Trage die Fachbegriffe in die Klammern ein.**

a) Norris lernt ein Gedicht (__________________________) auswendig.

b) Frieder war sich seiner Schwäche (__________________) wohl bewusst.

c) Hat der Deutschlehrer (______________________) dir Tipps gegeben?

d) Der Klassensprecher hat dem Hausmeister (____________________) ein Geschenk überreicht.

15 **Setze die Wörter aus den Klammern im richtigen Kasus nach der Präposition ein und notiere rechts den Fachbegriff für diesen Kasus.**

a) mit	meiner Schwester	(meine Schwester)	Dativ
b) ohne	______________	(ein Computer)	______________
c) nach	______________	(das Theaterstück)	______________
d) statt	______________	(ein Wandertag)	______________
e) seit	______________	(die Ferien)	______________
f) gegen	______________	(den Zaun)	______________

1.3 Artikel

Bestimmter und unbestimmter Artikel

Der Artikel (Begleiter) tritt immer mit einem Substantiv auf. Beide stimmen in Genus, Numerus und Kasus (↑ S. 9) überein. Man unterscheidet zwischen dem bestimmten Artikel und dem unbestimmten Artikel:

- **bestimmter Artikel:** *der Baum, die Schule, das Haus,*
- **unbestimmter Artikel:** *ein Baum, eine Schule, ein Haus.*

16 **Erkennst du die Wörter? Du findest sie heraus, wenn du die Silben vertauschst. Schreibe die Substantive dann mit ihrem bestimmten und unbestimmten Artikel auf.**

Substantiv	bestimmter Artikel	unbestimmter Artikel
SEHERFERN	der Fernseher	ein Fernseher
SCHENKGE		
TÜTESCHUL		
BADFREI		
DINFREUN		
TERFENS		
SCHIRMBILD		
GANGJAHR		
GEJUN		
SEKLAS		
DICHTGE		
SEPAU		
HASEOSTER		
PHONESMART		
REGITAR		

1.4 Verben

Was sind Verben?

Verben (Tätigkeitswörter) sagen aus, was jemand macht oder was geschieht. Sie bezeichnen

- eine **Tätigkeit oder Handlung:** *schreiben, laufen, fahren, essen, hören,*
- einen **Vorgang oder Verlauf:** *verlieren, einschlafen, wachsen, vergessen,*
- einen **Zustand:** *bleiben, sein, enthalten, stehen, ruhen.*

Verben werden auch nach ihrer Selbstständigkeit unterschieden:

- **Vollverben** können allein im Satz stehen: *Ich **lese** ein Buch.*
- Mit **Hilfsverben** werden bestimmte Zeitformen (↑ S. 24–27) und das Passiv (↑ S. 36) gebildet: *Ich **habe** ein Buch **gelesen.** Der Postbote **wurde gebissen.***
- **Modalverben** stehen meist in Verbindung mit der Grundform (Infinitiv) eines Verbs und beeinflussen eine Aussage (↑ S. 51): *Jule singt. → Jule **muss singen.** Jule **will singen.** ...*

17 **Unterscheide, ob die folgenden Verben eine Tätigkeit/Handlung, einen Vorgang/Verlauf oder einen Zustand bezeichnen. Sortiere sie in die Tabelle ein.**

arbeiten – fallen – liegen – bauen – sinken – wachsen – singen – spielen – wohnen – bleiben – regnen – sein – malen – einschlafen – besitzen – essen – enthalten – schneien

Tätigkeit/Handlung	Vorgang/Verlauf	Zustand

Die unveränderlichen (infiniten) Verbformen

Die infiniten Verbformen verändern im Gegensatz zu den finiten Verbformen (↑ S. 19) ihre Form nicht:

- Der **Infinitiv** ist die **Grundform** oder Nennform des Verbs. Die meisten Verben enden im Infinitiv auf *-en,* manche auf *-eln* oder *-ern: gehen, rufen, basteln, klettern.* Streicht man die Endung weg, erhält man den **Wortstamm:** ***lauf****-en.*
- Das **Partizip I** beschreibt ein **gerade andauerndes Geschehen** oder einen **Zustand.** Es wird aus dem Wortstamm und der Endung *-end* gebildet. Bei Verben, die im Infinitiv auf *-eln* oder *-ern* enden, wird das Partizip entsprechend gebildet: *ruf-end, sing-end, klett-ernd, bast-elnd.*
- Das **Partizip II** bezeichnet ein **Geschehen, das bereits beendet** ist. In der Regel wird es gebildet mit der Vorsilbe *ge-* und der Endung *-t* oder *-en: ge-kletter-t, ge-lauf-en.* Manche Verben bilden das Partizip II ohne die Vorsilbe *ge-: bestellt, studiert.*
- Der **Imperativ** drückt eine **direkte Aufforderung** aus: einen Wunsch, eine Bitte, einen Befehl oder ein Verbot. Die Form kann nur in der 2. Person Singular (Stamm + *-(e): Schreib! Schreibe!*) und Plural (Stamm + *t: Schreibt!*) gebildet werden.

18 **Ergänze den Infinitiv oder die Partizipien.**

Infinitiv	Partizip I	Partizip II
lachen		
gehen		
	schlafend	
		gedacht
tanzen		
		geschüttelt
	lesend	
erzählen		
	hüpfend	

5. KLASSE

Die veränderlichen (finiten) Verbformen

Verben werden im Satz **konjugiert** oder gebeugt (↑ S. 9). Steht ein Verb in der **Personalform,** spricht man auch von der finiten, d. h. veränderlichen Form. Sie wird gebildet, indem man die Personalendung an den Stamm hängt: ***du** sprich**st**, **wir** spring**en**.*
Die Personalform ist bestimmt nach der **Person** (1., 2., 3. Person) und nach dem **Numerus** (Singular, Plural):

- **Singular** (Einzahl): *ich schreib-e, du schreib-st, er/sie/es schreib-t.*
- **Plural** (Mehrzahl): *wir schreib-en, ihr schreib-t, sie schreib-en.*

19 **Bestimme Person und Numerus der folgenden Personalformen und ergänze den Infinitiv.**

Personalform	Person und Numerus	Infinitiv
sie stürzt		
er sieht		
sie ist		
ich werde		
ihr hattet		
sie log		
du schreibst		
sie trafen		
er grub		
sie bittet		
ich lag		
er bietet		
ich rufe		
sie laufen		
wir waren		

20 **Setze die Verben in die angegebene Form im Präsens (↑ S. 21).**

a) reden – 3. Person Singular: ______________________

b) fernsehen – 1. Person Plural: ______________________

c) schreiben – 2. Person Plural: ______________________

d) vergessen – 2. Person Singular: ______________________

e) streiten – 1. Person Singular: ______________________

f) umdrehen – 3. Person Plural: ______________________

21 **Setze passende Verben aus dem Wortspeicher in der richtigen Form in die Lücken ein.**

besuchen – tragen – lernen – einpflanzen – ziehen – erklären – ernten – beschneiden – zubereiten - erfahren

Lennart und Lara ______________ in den Osterferien einen Kurs zum Thema „Gärtnern und Pflanzen". Man kann dort ______________, wie man verschiedenen Pflanzen ______________ und dann ______________. Die Kursleiterin ______________ in solchen Kursen auch, wie man die verschiedenen Pflanzen ______________ muss, damit sie auch im nächsten Jahr wieder Früchte ______________.

Wichtig ist auch die Information, wann und wie man Obst und Gemüse ______________. Dieses Jahr werden die Kursteilnehmer zusätzlich ______________, wie man Zucchini, Paprika und anderes Gemüse auf leckere Weise ______________.

Präsens

Das **Tempus (Zeitform)** zeigt an, wann etwas passiert. Den Zeitstufen sind unterschiedliche **Tempora** zugeordnet: Präsens (Gegenwart), Präteritum, Perfekt und Plusquamperfekt (Vergangenheit), Futur I und Futur II (Zukunft). Außerdem unterscheidet man nach einfachen und zusammengesetzten Tempusformen: Präsens und Präteritum sind einfache, Perfekt, Plusquamperfekt, Futur I und Futur II sind zusammengesetzte Zeiten.

Das **Präsens (Gegenwartsform)** wird gebildet mit dem Wortstamm und den Personalendungen: *ich geh-e, du geh-st, er/sie/es geh-t, wir geh-en, ihr geh-t, sie geh-en*. Es bezeichnet

- ein Geschehen, das sich gerade ereignet: *Sie liest ein Buch.*
- allgemeingültige Aussagen: *Der Januar hat 31 Tage.*
- etwas, das in der Zukunft liegt, wenn dies aus dem Zusammenhang klar wird: *Morgen gehen wir wieder in die Schule.*

22 **Konjugiere das Wort *lesen* im Präsens**

1. Person Singular: ______________ 1. Person Plural: ______________

2. Person Singular: ______________ 2. Person Plural: ______________

3. Person Singular: ______________ 3. Person Plural: ______________

23 **Schreibe die Präsensform der folgenden Verben auf.**

sie lachte ______________ er schrieb ______________

sie lag ______________ er ging ______________

sie rannte ______________ er war ______________

sie dachte ______________ er blies ______________

sie raste ______________ er weinte ______________

sie legte ______________ er bat ______________

sie sprang ______________ er betete ______________

Präteritum

Das **Präteritum (Vergangenheitsform)** bezeichnet ein vergangenes und abgeschlossenes Geschehen: *Er schrieb gestern einen Aufsatz.* Es wird häufig bei Erzählungen, Romanen oder in Märchen verwendet und deshalb auch **Erzähltempus** genannt: *Es war einmal eine Prinzessin, sie lebte in einem Schloss.*
Es gibt eine regelmäßige (schwache), eine unregelmäßige (starke) und eine gemischte Konjugation:

- **Regelmäßige Verben** bilden das Präteritum mit dem Präsensstamm und der Endung *-te: sagen – ich sag**te**, du sag**test**.*
- **Unregelmäßige Verben** bilden das Präteritum mit der Veränderung des Stammvokals: *rufen – er r**ie**f.*
- **Verben mit Mischformen** bilden das Präteritum mit der Veränderung des Stammvokals und der Endung *-te: kennen – ich k**a**nn**te**.*

24 **Setze die Wörter in Klammern ins Präteritum und füge sie ein.**

a) Ich ________________ (schreiben) einen Brief.

b) Sie ________________ (bitten) mich um einen Gefallen.

c) Ich ________________ (haben) vor, Vokabeln zu üben.

d) Er ________________ (gehen) ins Kino.

e) Ich ________________ (finden) mein Heft nicht!

f) Sie ________________ (liegen) in der Sonne.

g) Wir ________________ (klettern) auf einen Baum.

h) Du ________________ (werden) zur Klassensprecherin gewählt.

i) Ich ________________ (erschrecken).

25 **Schreibe den Infinitiv auf.**

sie sahen – ________________ er schrie – ________________

sie gewann – ________________ ich hielt – ________________

wir hoben –	______	er grub –	______
sie rief –	______	sie liefen –	______
ich schlug –	______	es brannte –	______

26 **Schreibe zu den folgenden regelmäßigen Verben das Präteritum auf.**

er klettert	______	sie tanzen	______
wir reden	______	ihr setzt	______
du lernst	______	sie holt	______
ich suche	______	sie entfernt	______
ich koche	______	er übt	______
sie liebt	______	ich kaufe	______
er füttert	______	es rollt	______

27 **Bilde die Präteritumsformen zu diesen unregelmäßigen Verben.**

sehen:	sie ______	heben:	wir ______
verzeihen:	sie ______	fallen:	sie ______
befehlen:	Ich ______	verlassen:	wir ______
nehmen:	du ______	lesen:	er ______
bitten:	er ______	ziehen:	sie ______
empfehlen:	sie ______	geben:	wir ______
geschehen:	es ______	stoßen:	er ______
schreiben:	wir ______	bleiben:	er ______

Perfekt

Das Perfekt (vollendete Gegenwartsform) bezeichnet

- ein Geschehen, das zwar in der Vergangenheit abgeschlossen ist, dessen Folgen oder Ergebnis aber noch bis in die Gegenwart reichen: *Es hat den ganzen Tag geschneit. (Ergebnis: Die Landschaft ist schneeweiß.)*
- die Vorzeitigkeit, wenn es zusammen mit dem Präsens vorkommt. Es drückt aus, was vor der aktuellen Handlung passiert ist: *Nachdem es die ganze Nacht geschneit hat, gehe ich nun zum Schlittenfahren.*

Die Form des Perfekts besteht aus zwei Bestandteilen. Deshalb spricht man auch von einer **zusammengesetzten Tempusform.** Es wird mit einer konjugierten Form der Hilfsverben ***haben*** oder ***sein*** und dem **Partizip II** (↑ S. 18) gebildet: *ich habe gelesen, du hast gelesen …; ich bin gerannt, du bist gerannt …*

28 **Konjugiere die Verben in allen Personalformen im Perfekt.**

Verb	Singular		Plural	
a) essen	ich	______	wir	______
	du	______	ihr	______
	er/sie/es	______	sie	______
b) gehen	ich	______	wir	______
	du	______	ihr	______
	er/sie/es	______	sie	______
c) hören	ich	______	wir	______
	du	______	ihr	______
	er/sie/es	______	sie	______
d) fliegen	ich	______	wir	______
	du	______	ihr	______
	er/sie/es	______	sie	______

Plusquamperfekt

Das **Plusquamperfekt (vollendete Vergangenheitsform)** bezeichnet ein abgeschlossenes Geschehen, das noch vor den in der Vergangenheit erzählten Ereignissen liegt. Diese Vorzeitigkeit (oder Vorvergangenheit) drückt es fast immer in Verbindung mit dem Präteritum aus: *Sie gaben sich die Hand. Vorher **hatten** sie fürchterlich **gestritten.***
Das Plusquamperfekt gehört zu den **zusammengesetzten Formen.** Es wird gebildet mit dem Präteritum der Hilfsverben ***haben*** oder ***sein*** und dem **Partizip II** (↑ S. 18): *ich hatte gelesen, du hattest gelesen ...; ich war gerannt, du warst gerannt ...*

29 **Vervollständige die Konjugationen der Verben aus Übung 28 im Plusquamperfekt.**

ich	hatte gegessen	ich	war gegangen
du		du	
er/sie/es		er/sie/es	
wir		wir	
ihr		ihr	
sie		sie	
ich	hatte gehört	ich	war geflogen
du		du	
er/sie/es		er/sie/es	
wir		wir	
ihr		ihr	
sie		sie	

Futur I

Das Futur I (Zukunftsform) bezeichnet

- ein Geschehen, das in der Zukunft liegt und noch nicht stattgefunden hat: *Ich werde nächste Woche in den Urlaub fahren.*
- eine Vermutung: *Das wird so nicht funktionieren.*
- eine nachdrückliche Aufforderung: *Du wirst jetzt still sein!*

Das Futur I wird gebildet mit einer Form des Hilfsverbs ***werden*** und dem **Infinitiv des Vollverbs.** Die Formen des Futurs I sind **zusammengesetzte Formen:** *ich werde schlafen, du wirst schlafen, er/sie/es wird schlafen, wir werden schlafen, ihr werdet schlafen, sie werden schlafen.*

30 **Setze die richtigen Formen des Hilfsverbs *werden* ein.**

ich	____________	wir	____________
du	____________	ihr	____________
er/sie/es	____________	sie	____________

31 **Bilde aus den Bestandteilen Sätze im Futur I.**

a) wir – morgen – eine Mathearbeit schreiben

____

b) Lisa – am kommenden Freitag – ins Kino gehen

____

c) meine Großeltern – nächste Woche – in den Urlaub fliegen

____

d) Die 7d – wohl – ein Klassenfest feiern

____

e) Ihr – uns – übermorgen – abholen müssen

____

Futur II

Das Futur II (vollendete Zukunftsform)

- bezeichnet ein Geschehen, das in der Zukunft als bereits abgeschlossen angesehen wird: *Morgen um diese Zeit werde ich die Arbeit schon geschrieben haben.*
- wird nur selten verwendet und häufig durch das Perfekt ersetzt: *Morgen um diese Zeit habe ich die Arbeit schon geschrieben.*
- kann auch eine Vermutung oder Annahme über das spätere Geschehen oder Vergangenes ausdrücken: *Sie wird schon nach Hause gegangen sein.*

Das Futur II ist eine **zusammengesetzte Tempusform.** Es wird gebildet mit der konjugierten Form von ***werden*** + **Partizip II** (↑ S. 18) und den Hilfsverben ***haben*** oder ***sein:*** *ich werde geschlafen haben, du wirst geschlafen haben ...; ich werde gefahren sein, du wirst gefahren sein ...*

32 **Bilde Sätze im Futur II. Verwende passende Wörter aus dem Wortspeicher und *haben* oder *sein*.**

begleichen – geboren – erreichen – bestehen – fahren

a) Am Ende des Monats ______________ wir die Prüfung ______________ ____________________________.

b) In wenigen Wochen ____________ das Kind ________________________ ______________.

c) Bis zum Stichtag ___________ er seine Schulden ___________________ __________________.

d) Meine Freundin ______________ schon nach Hause ________________ ________________________.

e) Vielleicht ______________ ich mein Ziel in einem Jahr _____________ ________________________.

33 **Suche in den folgenden Zeilen alle Verben und Hilfsverben heraus und schreibe sie auf die Linien darunter. Trage dann die Reihenfolge der Ergebnisse unten ein.**

a) Ich war heute zur Behandlung im Krankenhaus,

____

b) da ich mich beim Sport verletzt hatte.

____

c) Jetzt gehe ich nach Hause,

____

d) eben habe ich mich nach den Hausaufgaben erkundigt.

____

e) Morgen werde ich noch einmal zum Arzt gehen,

____

f) aber er wird mich sicher schon am Vormittag untersucht haben.

____

Sportverletzung → ______________________________

____

____

____

34 **Bestimme die Zeitformen. Schreibe auf die Linien.**

a) Nachdem Luis 20 Schokoküsse verschlungen hatte, ______________

b) wurde ihm schrecklich übel. ______________

c) „Ich habe mir bestimmt den Magen verdorben“, ______________

d) stöhnte er. ______________

e) „Was soll ich jetzt nur machen?“ ______________

f) „Du wirst am besten zum Arzt gehen“, ______________

g) schlug ich vor. ______________

h) „Der hat dir schon einmal geholfen, ______________

i) morgen wird es dir bestimmt wieder gut gehen!“ ______________

j) Luis überlegte: ______________

k) „Aber übermorgen werden wir ans Meer fahren!“ ______________

l) „Na gut“, sagte ich, ______________

m) „dann hole ich dich etwa um drei Uhr ab, ______________

n) denn dann werde ich alle meine Aufgaben erledigt haben!“ ______

35 **Ergänze das passende Hilfsverb in der richtigen Personalform.**

a) Perfekt: Ich ______________ nach der Untersuchung heimgegangen.

b) Plusquamperfekt: Der Arzt ______________ mir eine Spritze gegeben.

c) Futur I: So etwas ______________ er sicher Tag für Tag wiederholen.

d) Futur II: Am Ende der Woche ______________ er es vermutlich eine Million Mal getan ______________.

e) Perfekt: Herr Doktor Müller ______________ mir heute geholfen.

f) Plusquamperfekt: Der ganze Unfall ______________ nur ein dummes Missgeschick gewesen.

36 **Ergänze bei den folgenden Verben die Infinitive. Setze sie dann in alle sechs Zeitformen. Schreibe in die Tabelle.**

du spielst	______________	er schreibt	______________
sie kommt	______________	wir haben	______________
es ist	______________	ihr seht	______________
sie laufen	______________	ich schlafe	______________

Präsens	**Präteritum**	**Perfekt**
du spielst	du spieltest	du hast gespielt
Plusquamperfekt	**Futur I**	**Futur II**
du hattest gespielt	du wirst spielen	du wirst gespielt haben

6. KLASSE

37 **Bestimme die Zeitformen. Kreuze die Lösung an.**

a)	Es hatte geläutet.	Präteritum	☐	Plusquamperfekt	☐
b)	Wir kommen.	Futur I	☐	Präsens	☐
c)	Sie wird angerufen haben.	Futur I	☐	Futur II	☐
d)	Ich widersprach.	Präteritum	☐	Präsens	☐
e)	Was hast du gesagt?	Perfekt	☐	Präteritum	☐
f)	Ich komme jetzt!	Futur I	☐	Präsens	☐
g)	Er war gekommen.	Präteritum	☐	Plusquamperfekt	☐
h)	Das wirst du bereuen!	Präsens	☐	Futur I	☐

38 **Setze die Sätze in die Zeitform in Klammern.**

a) Ich werde kommen. (Präteritum)

____

b) Der Bus fährt ab. (Plusquamperfekt)

____

c) Sie war nach Rio geflogen. (Perfekt)

____

d) Er zog sich schnell an. (Präsens)

____

e) Wir sind gegangen. (Futur I)

____

f) Ihr kommt zu spät (Futur II)

____

39 **Unterstreiche alle Bestandteile der Verbform und schreibe das Tempus neben die Sätze.**

a) Gestern haben wir eine Deutscharbeit geschrieben. ____________

b) Thema der Arbeit waren Gedichte. ____________

c) Ich hatte vorher geübt und wiederholt. ____________

d) Jetzt hoffe ich auf ein gutes Ergebnis. ____________

e) Nächste Woche werden wir die Arbeit zurückbekommen. ____________

f) Unser Lehrer wird sie bestimmt gnädig benotet haben. ____________

40 **Konjugiere die folgenden Verben. Setze sie in der angegebenen Person in alle Zeitformen.**

a) 1. Person Singular: träumen

Präsens:	ich ____________
Präteritum:	____________
Perfekt:	____________
Plusquamperfekt:	____________
Futur I:	____________
Futur II:	____________

b) 2. Person Singular: werfen

Präsens:	du ____________
Präteritum:	____________
Perfekt:	____________
Plusquamperfekt:	____________
Futur I:	____________
Futur II:	____________

c) 3. Person Singular: springen

Präsens:	er ____________
Präteritum:	____________
Perfekt:	____________
Plusquamperfekt:	____________
Futur I:	____________
Futur II:	____________

d) 2. Person Plural: sein

Präsens:	ihr ____________
Präteritum:	____________
Perfekt:	____________
Plusquamperfekt:	____________
Futur I:	____________
Futur II:	____________

41 **Bestimme die Zeitformen. Kreuze an. Schreibe den Satz dann in der anderen Zeitform darunter.**

a) Er hatte alle Übungen wiederholt.

Präteritum ☐ Plusquamperfekt ☐

____

b) Es ging ihm schlecht.

Perfekt ☐ Präteritum ☐

____

c) Ich komme dich nächste Woche besuchen.

Futur I ☐ Präsens ☐

____

d) Ich habe verstanden.

Präsens ☐ Perfekt ☐

____

e) Er hat Hunger.

Präsens ☐ Perfekt ☐

____

Aktiv und Passiv

Die Handlungsarten Aktiv und Passiv ermöglichen unterschiedliche Blickrichtungen auf ein Geschehen. Man bezeichnet dies als **Genus Verbi.**

- Das **Aktiv** benutzt man, wenn die **handelnde Person** (also der „Täter" oder Handlungsträger) im Mittelpunkt des Interesses steht: *Das Kind malte ein Bild.*
- Das Passiv benutzt man, wenn die **Handlung** oder der Vorgang selbst im Vordergrund steht: *Das Bild wurde (von dem Kind) gemalt.* Man benutzt das Passiv auch, wenn es gleichgültig, nicht genau zu sagen oder geheim ist, wer handelt: *Die Autos werden an der Unfallstelle vorbeigeleitet.*

Wenn man auf die Angabe des Handlungsträgers verzichten kann, spricht man von einem **täterlosen Passiv** (↑ S. 41). Soll der Handlungsträger genannt werden, kann er mit den Präpositionen *durch* oder *von* eingefügt werden. Man spricht dann von einem **täterabgewandten Passiv.**

42 **Aktiv oder Passiv? Ordne die Sätze zu.**

a) Die Autos werden an der Unfallstelle vorbeigeleitet.

b) Die Blume wird gepflückt.

c) Die Kinder öffneten die Schachteln.

d) Zur Hochzeit wurden viele Geschenke mitgebracht.

e) Wir haben sie besiegt.

f) Die Polizei sorgt für eine schnelle Umleitung der Autos.

g) Jette pflückt die Blumen.

h) Sie wurden besiegt.

i) Sanja bringt Geschenke mit.

j) Die Schachteln wurden geöffnet

Aktiv: ______________________________

Passiv: a) ______________________________

43 **Unterstreiche in dem folgenden Text die Verbformen. Verwende für die Aktiv- und Passivformen unterschiedliche Farben.**

Vor einem Jahr bin ich dem Tischtennisverein beigetreten. Ich wollte mein Spiel verbessern. Ich wurde sofort von einem älteren Spieler unterstützt. Er hat mich intensiv trainiert. Beim ersten Auswärtsturnier wurde ich von ihm im Auto mitgenommen. Leider bin ich gleich in der ersten Runde ausgeschieden. Trotzdem hat er mich gelobt, weil ich nicht gleich aufgegeben habe. Das Training wurde einige Wochen später umgestellt. Seitdem legen wir mehr Wert auf gute Kondition. Von Herrn Schröder, unserem Trainer, wurde ich gestern gerade gelobt, weil sich meine Ausdauer stark verbessert hat. Wir haben im Sommer ein richtiges Trainingslager abgehalten. Dort wurde jeden Tag kräftig Kondition und Spieltaktik eingeübt. Dieses Training hat sich bezahlt gemacht. Im letzten Punktspiel sind wir von keinem Gegner geschlagen worden. Das letzte Mal wurde ich von dem Vereinsmeister der benachbarten Landeshauptstadt geschlagen, aber unseren eigenen Meister habe ich schon zwei Mal besiegt.

44 **Aktiv oder Passiv? Kreuze an.**

	Aktiv	Passiv
a) Der Spieler wird kurz vor dem Strafraum gefoult.	☐	☐
b) Max wirft den Ball in den Korb.	☐	☐
c) Ich schaue mir das Spiel an.	☐	☐
d) Max wird ins Wasser geworfen.	☐	☐
e) Das Spiel wird von Tausenden Zuschauern angeschaut.	☐	☐
f) Er foult seinen Gegner kurz vor dem Strafraum.	☐	☐

Bildung des Passivs

Die Passivformen werden gebildet mit der konjugierten Form des Hilfsverbs ***werden*** und dem **Partizip II** (↑ S. 18): *ich werde gelobt, du wirst gelobt, er/sie/es wird gelobt, wir werden gelobt, ihr werdet gelobt, sie werden gelobt.*
Das Passiv kann nur von **transitiven Verben** gebildet werden. Das sind Verben, die ein Akkusativobjekt (↑ S. 92) bei sich haben.
Bei der Umwandlung ins Passiv wird das Akkusativobjekt des Aktivsatzes zum Subjekt des Passivsatzes. Das Subjekt des Aktivsatzes *(Tim)* wird nicht genannt oder durch *von* oder *durch* ergänzt: *Tim rührt* ***den Kuchenteig*** *schaumig.* → ***Der Kuchenteig*** *wird (von Tim) schaumig gerührt.*

Folgende Verben können **kein Passiv** bilden:
- Verben, die das Reflexivpronomen *sich* bei sich haben: *Er kauft sich ein Buch. (Ein Buch wird von ihm für sich gekauft.)*
- Verben, die ihr Perfekt mit *sein* bilden: *Die Schüler sind auf ihre Plätze gegangen. (Von den Schülern ist auf ihre Plätze gegangen worden.)*

45 **Unterstreiche die transitiven Verben.**

Um mein Spiel zu verbessern, habe ich mir einen neuen Tischtennisschläger gekauft. Der Verkäufer in dem Sportgeschäft hat zwei verschiedene Beläge auf die beiden Schlägerseiten geklebt. Mit der schwarzen Seite pariere ich die Angriffe des Gegenspielers. Die rote Seite dient meinen eigenen Angriffsversuchen. Beim letzten Punktspiel bestand unsere Mannschaft aus fünf Spielern. Drei schlugen ihre Gegner, zwei verloren ihre Spiele. Der Trainer empfiehlt uns allen, die Gegner nicht zu unterschätzen. Er hat mir mit dieser Warnung schon öfter geholfen. Ich bereite jedes Spiel sorgfältig vor, denn man sollte die Stärken und Schwächen seines Gegenspielers schon vorher genau kennen.

46 **Schreibe die transitiven Verben aus Übung 45 in dein Heft.**

47 **Wandle die Sätze mit transitiven Verben aus Übung 45 ins Passiv um.**

____

____

____

____

____

____

____

____

____

____

____

48 **Setze die fehlenden Aktiv- und Passivformen ein.**

a) Der letzte Tante-Emma-Laden unserer Stadt ____________ von einer alten Dame ____________ (führen). Sie ist schon 76 Jahre alt, ____________ aber immer noch jeden Morgen zum Großmarkt (fahren).

b) Die Obstkisten allerdings ____________ ihr von einem netten Helfer ins Auto ____________ (tragen). Jeden Tag pünktlich um 7 Uhr ____________ sie den Laden ________ (aufschließen).

c) Am Wochenende ____________ sie selber zu ihrer Tochter nach Bremen (fahren). Ab Montag ____________ sie dann wieder hinter der Ladentheke (stehen), und jeder Kunde ____________ eigenhändig von ihr ____________ (bedienen).

Passivformen

Passivformen gibt es in allen **Tempusformen.** Achte darauf, dass du das Präsens Passiv nicht mit dem Futur I Aktiv verwechselst. Du erkennst das Futur I Aktiv am Infinitiv:

- **Präsens:** *Du lobst.* → ***Du wirst gelobt.***
- **Perfekt:** *Du hast gelobt.* → *Du bist gelobt worden.*
- **Präteritum:** *Du lobtest.* → *Du wurdest gelobt.*
- **Plusquamperfekt:** *Du hattest gelobt.* → *Du warst gelobt worden.*
- **Futur I:** ***Du wirst loben.*** → *Du wirst gelobt werden.*
- **Futur II:** *Du wirst gelobt haben.* → *Du wirst gelobt worden sein.*

49 **Übertrage die Tabelle in dein Heft und ergänze die fehlenden Verbformen.**

Personalform	Präsens	Perfekt	Präteritum
1. Pers. Sing.	ich werde ermahnt		
2. Pers. Sing.			
3. Pers. Sing.			
1. Pers. Pl.			
2. Pers. Pl.			
3. Pers. Pl.			
Personalform	**Plusquamperfekt**	**Futur I**	**Futur II**
1. Pers. Sing.			
2. Pers. Sing.			
3. Pers. Sing.			
1. Pers. Pl.			
2. Pers. Pl.			
3. Pers. Pl.			

Vorgangs- und Zustandspassiv

- Das **Vorgangspassiv** wird mit ***werden*** und dem Partizip II (↑ S. 18) gebildet. Es beschreibt einen Vorgang oder eine Handlung. Der Schwerpunkt liegt auf dem Ablauf des Geschehens. Der Handelnde muss nicht genannt werden, kann aber mit *von* oder *durch* angeschlossen werden: *Das Geschäft wird (von dem Besitzer) geschlossen.*
- Das **Zustandspassiv** wird mit ***sein*** und dem Partizip II gebildet. Es beschreibt einen bereits erreichten Zustand oder ein Ergebnis: *Das Geschäft ist geschlossen.*

50 **Forme die Sätze ins Passiv um. Beachte, dass bei manchen Sätzen sowohl das Vorgangs- als auch das Zustandspassiv möglich ist.**

a) Alex bastelte ein Modellschiff aus Papier.

____

____

b) Ein freundlicher Polizist hat dem Autofahrer den Weg erklärt.

____

____

c) Rabia zieht Hanna, die im Rollstuhl sitzen muss.

____

____

d) Morgen wird unser Lehrer dem besten Aufsatzschreiber einen Preis verleihen.

____

____

e) Der Schiedsrichter hatte den Spielern die Spielregeln zu Spielbeginn erklärt.

____

____

f) Julius wird seinem Freund nächste Woche ein Geschenk bringen.

g) Du löst das Kreuzworträtsel in Rekordzeit.

h) Janna und Nils stürzten die eiskalte Limo mit einem Schluck herunter.

i) Ihr vier Jungs tragt das Tor vorsichtig zurück.

51 **Bilde mithilfe der vorgegebenen Stichwörter Sätze im Passiv, und zwar jeweils das Vorgangspassiv und das Zustandspassiv.**

Beispiel: Buch – veröffentlichen ⟶ Das Buch wird veröffentlicht. Das Buch ist veröffentlicht.

a) Buchausstellung – beenden

b) Fahrrad – kaufen

c) Hund – einsperren

Täterloses Passiv

Wenn man in einem Passivsatz auf die Angabe des „Täters“ oder Handlungsträgers verzichten kann, spricht man vom täterlosen Passiv. Es kann sein,

- dass man ihn nicht kennt: *Das Buch wurde gestohlen.*
- dass es unwichtig ist, wer etwas tut (z. B. bei Gebrauchsanweisungen): *Dann werden die Seitenwände eingefügt.*
- dass man geheim halten will, wer für etwas verantwortlich ist: *Die Gläser sind zerbrochen worden.*

52 **Streiche aus den Sätzen jeweils die „Täter“ und bilde dann Sätze mit dem täterlosen Passiv.**

a) Viele Spieler halten den Tischtennisschläger zwischen dem Daumen und dem Zeigefinger. ______________________

____

b) Experten nennen dieses den „Penholder-Stil“. ______________________

____

c) Profis schneiden den Ball häufig an, sodass er eine Drehung bekommt.

____

____

d) Der Ball berührt manchmal die Netzoberkante. ______________________

____

e) Das Publikum klatscht laut, um die Spieler zu unterstützen. ____________

____

f) Manche Spieler sprechen den Gegner lautstark an, um ihn zu verwirren.

____

____

g) Nach dem Turnier feiern die Fans die Sieger. ______________________

____

Indikativ, Imperativ und Konjunktiv

Der **Modus** (Aussageweise) eines Verbs drückt aus, ob etwas eine reale Tatsache, eine Aufforderung oder ein Wunsch / eine Möglichkeit ist. Man unterscheidet deshalb drei Modi:

- Der **Indikativ (Wirklichkeitsform)** ist die Grundform einer sprachlichen Äußerung. Er drückt tatsächliche Sachverhalte und Ereignisse aus. Das gilt auch für erfundene Sachverhalte, z. B. in Märchen oder Romanen, oder allgemeingültige Tatsachen: *Die Kinder gehen schwimmen. Harry schwang seinen Zauberstab und flüsterte ... Lügen haben kurze Beine.*
- Der **Imperativ (Befehlsform)** drückt eine Aufforderung, einen Befehl, eine Bitte oder ein Verbot aus (↑ S. 18): *Lauf weg! Sei mir nicht böse!*
- Beim **Konjunktiv (Möglichkeitsform)** unterscheidet man den Konjunktiv I (↑ S. 43) und den Konjunktiv II (↑ S. 45).

53 **Bilde aus den Infinitiven den Imperativ Singular und den Imperativ Plural.**

Infinitiv	Imperativ Singular	Imperativ Plural
lachen	lache	lacht
tanzen		
beißen		
retten		
geben		
helfen		
spielen		
vergessen		
essen		
öffnen		
rechnen		
teilen		

Konjunktiv I: Verwendung und Bildung

Der Konjunktiv I

- wird meist dazu verwendet, die Aussage einer anderen Person wiederzugeben **(indirekte Rede):** *Er sagt, er habe gute Laune.*
- kommt bei **Anleitungen** oder **Anweisungen** zum Einsatz und drückt hier einen Wunsch, eine Aufforderung oder einen Ausruf aus: *Das Glück sei mit dir! Man nehme drei Eier. Sie lebe hoch!*

Der Konjunktiv I wird gebildet, indem an den **Präsensstamm** die Endungen *-e, -est, -en, -et* angehängt werden: *ich sag-e, du sag-est, er/sie/es sag-e, wir sag-en, ihr sag-et, sie sag-en.* Die Formen des Konjunktivs I gibt es in den **Tempusformen**

- Präsens: *Er sagt, er habe gute Laune.*
- Perfekt: *Er sagt, er habe gute Laune gehabt.*
- Futur: *Er sagt, er werde gute Laune haben.*

Stimmen bei einem Verb die Formen des Indikativs und des Konjunktivs I überein, verwendet man alternativ den Konjunktiv II (↑ S. 44):
Ich sagte, ich habe gute Laune. → *Ich sagte, ich hätte gute Laune.*
Wir/Sie sagten, wir/sie haben gute Laune. → *Wir/Sie sagten, wir/sie hätten gute Laune.*

54 **Bilde den Indikativ Präsens und Konjunktiv I Präsens von *gehen* und unterstreiche identische Formen.**

Indikativ Präsens	Konjunktiv I Präsens
ich	ich
du	du
er/sie/es	er/sie/es
wir	wir
ihr	ihr
sie	sie

Indirekte Rede

Mit der indirekten Rede gibt man die **Äußerungen eines anderen Sprechers** wieder. Sie befindet sich immer in einem untergeordneten Satz; man kann sie mit der Konjunktion *dass* einleiten oder ohne Konjunktion formulieren: *Lina versichert: „Er liest das Buch weiter." Lina versichert, dass er das Buch weiterlese. Lina versichert, er lese das Buch weiter.*

- Grundsätzlich verwendet man den **Konjunktiv I:** *Er sagt: „Samira trinkt am liebsten Wasser." → Er sagt, Samira trinke am liebsten Wasser.*
- Wenn die Formen des Indikativs und des Konjunktivs I gleich sind, nimmt man stattdessen den **Konjunktiv II:** *Sie sagt: „Wir kommen morgen." → Sie sagt, sie kämen morgen.*
- Wenn die Formen des Konjunktivs II mit dem Indikativ Präteritum übereinstimmen, verwendet man die **Umschreibung mit *würde*:** *Er sagt: Wir freuen uns über das Geschenk. → Er sagt, sie würden sich über das Geschenk freuen.*

55 **Forme die folgenden Äußerungen in indirekte Rede mit Konjunktiv um. Schreibe in dein Heft.**

a) Schon vor fünf Jahren hat mir mein Vater erklärt: „Ich mag überhaupt keinen Sport."
b) Da sagte ich zu ihm: „Da entgeht dir aber einiges."
c) Er antwortete mir: „Ich interessiere mich eben für andere Dinge."

56 **Setze die indirekte Rede in die direkte Rede. Schreibe in dein Heft.**

a) Der Lehrer schreit, die Schüler sollten ihm aus den Augen gehen.
b) Die Mutter fordert ihr Kind auf, es solle den Fahrradhelm aufsetzen.
c) Die alte Dame bittet den Schüler, er möge sie Platz nehmen lassen.

Konjunktiv II: Verwendung und Bildung

Der Konjunktiv II drückt meist die **Nichtwirklichkeit** aus. Er wird verwendet,

- wenn etwas nicht wirklich der Fall ist: *Stell dir vor, wir wären am Meer.*
- bei Wünschen, etwas Vorgestelltem oder Erdachtem: *Wir säßen gerne am Meer (müssen aber arbeiten).*
- in höflichen Aufforderungen oder vorsichtigen Feststellungen: *Hätten Sie vielleicht Zeit? So könnte man es machen.*

Der Konjunktiv II wird gebildet, indem an den **Präteritumstamm** die Endungen *-e, -est, -en, -et* angehängt werden: *ich spielt-e, du spielt-est, er/sie/es spielt-e, wir spielt-en, ihr spielt-et, sie spielt-en.* Bei starken Verben wird der Stammvokal zu einem Umlaut: *ich käm-e, du käm-est …*

Sehr oft ist die Konjunktiv-II-Form mit der Indikativ-Form identisch, daher wählt man als Ersatz die **Umschreibung mit *würde*:** Infinitiv: *träumen* → Konjunktiv II (wie Präteritum): *Sie träumte.* → Umschreibung mit *würde: Sie sagte, sie würde träumen.*

57 **Vervollständige die Sätze mit den vorangestellten Bestandteilen und verwende den Konjunktiv II.**

a) der König von England sein: Er führt sich auf, als ______________________

____

b) genug geübt haben: ______________________________________,

wäre meine Arbeit nicht so schlecht ausgefallen.

c) die Klassenarbeit schon geschrieben: Ich wünschte, wir ______________

____

d) das Schlimmste noch vor sich haben: Es sieht so aus, als ob wir ________

____

e) den Wetterbericht ernst nehmen: ________________________________

_______________________________, wären wir nicht so nass geworden.

f) morgen ist dein Geburtstag: Stell dir vor, ____________________________

____

58 **Forme die folgenden Äußerungen in indirekte Rede mit dem passenden Konjunktiv um. Verwende den Konjunktiv II nur dann, wenn der Konjunktiv I nicht vom Indikativ Präsens zu unterscheiden ist.**

Indikativ Präsens	**Konjunktiv I oder Konjunktiv II**
Sie sagt: „Ich komme."	Sie sagt,
Sie sagt: „Du kommst."	
Sie sagt: „Er kommt."	
Sie sagt: „Wir kommen."	
Sie sagt: „Ihr kommt."	
Sie sagt: „Sie kommen."	
Indikativ Perfekt	**Konjunktiv I oder Konjunktiv II**
Sie sagt: „Ich habe gegessen."	
Sie sagt: „Du hast gegessen."	
Sie sagt: „Sie hat gegessen."	
Sie sagt: „Wir haben gegessen."	
Sie sagt: „Ihr habt gegessen."	
Sie sagt: „Sie haben gegessen."	

59 **Forme die Sätze in indirekte Rede um. Verwende den Konjunktiv II, wenn sich der Konjunktiv I nicht vom Indikativ Präsens unterscheidet. Beginne immer mit: *Er behauptet, …***

a) Er erbt viel Geld. Er behauptet, ______________________

____

b) Er hört nicht zu. ______________________________

____

c) Sie kommen morgen. ___________________________

____

d) Sie war hilfsbereit. ___________________________

____

e) Ich habe dich nicht beleidigt. ___________________

____

f) Er ist der beste Sportler seiner Schule. ____________

____

g) Sie darf hierbleiben. __________________________

____

h) Er wohnt wieder zu Hause. _____________________

____

i) Er wird mir die Wahrheit sagen. _________________

____

j) Sie sind auch dort. ____________________________

____

60 **Forme die folgenden Sätze jeweils in die indirekte Rede und den Konjunktiv II um.**

a) Sie hat gut gesungen.
b) Ich habe Mut.
c) Wir kommen nicht.
d) Du kannst zusehen.
e) Er lernt ihn kennen.
f) Wir sind rechtzeitig gekommen.
g) Er will die Arbeit schaffen.
h) Sie hatten Glück.
i) Du bist mir behilflich.
j) Bald beginnt der Film.

Indirekte Rede (Konjunktiv I bzw. Konjunktiv II) Er meint, ...	**Wunsch (Konjunktiv II bzw. Umschreibung mit „würde")** Ich wünsche mir, ...
a)	
b)	
c)	
d)	
e)	
f)	
g)	
h)	
i)	
j)	

61 **Unterstreiche im folgenden Text zunächst die Indikativformen. Schreibe den Text dann im Konjunktiv II auf.**

Wenn ich morgen eine Zusage von der Band „Fire and Ice" erhalte, ändere ich mein Leben. Ich höre dann nicht mehr auf meine Eltern, sondern mache das, was ich für richtig halte. Die Ausbildung zum Schneider gebe ich auf. Stattdessen fange ich als Schlagzeuger bei der Band „Fire and Ice" an. Ich plündere mein Konto, um mir ein erstklassiges Schlagzeug zu kaufen. Mit meiner Freundin mache ich Schluss. Meine kleine, preiswerte Wohnung kündige ich. Ich gehe mit „Fire and Ice" auf Tournee. Ich führe ein Leben als bekannter Musikstar.

62 **Formuliere zu den folgenden Äußerungen passende Sätze im Konjunktiv II.**

a) Weil ich nicht genug geübt habe, war die Klassenarbeit nur mangelhaft.

b) Ich bin zu langsam zum Bahnhof gebummelt und habe meinen Zug verpasst. ______________________________

____

c) Mein Vater hat das Angebot übersehen und mir nicht das neue Smartphone gekauft. ______________________________

____

d) Unsere Fußballmannschaft hat die besten Chancen vergeben und so das Endspiel verloren. ______________________________

____

e) Wir haben gestern den Wetterbericht nicht zur Kenntnis genommen und sind bei unserer Radtour in heftigen Regen geraten. __________

____

____

63 **Überlege bei den folgenden Sätzen, weshalb der Konjunktiv II bzw. die „würde"-Form benutzt werden muss. Achtung: Ein Satz ist falsch. Schreibe in dein Heft.**

a) Ginge es den Nationalspielern nur ums Geld, hätten sie an der Europameisterschaft nicht teilzunehmen brauchen.
b) Wären wir doch an einen anderen Urlaubsort gefahren!
c) Das soll Heiner wirklich über mich gesagt haben?
d) Ich habe den aufrichtigen Wunsch, dass ich alles rückgängig machen könnte.
e) Würden doch alle neugierigen Gaffer zu Hause bleiben!
f) Herbert ist arm, tut aber so, als ob er viel Geld hätte.
g) Ich ginge ins Kino, wenn ich Zeit hätte.
h) Wir würden ins Kino gehen, wenn wir Zeit hätten.
i) Ihr streitet euch, als ob ihr kleine Kinder wärt.
j) Ich denke, du würdest lieber arbeiten, als hier zu Hause zu sitzen.

Modalverben, Futur, Modaladverbien

Neben den beiden Konjunktivformen gibt es drei weitere grammatische Möglichkeiten, um **mögliche Ereignisse** oder auch **Wünsche** und **Hoffnungen** auszudrücken.

- Die **Modalverben** *dürfen, können, mögen, müssen, sollen* und *wollen* können mit dem Infinitiv (Grundform) eines anderen Verbs verbunden werden und drücken verschiedene Sprechabsichten aus, z. B. einen Befehl oder Auftrag, eine Absicht oder einen Wunsch, eine Erlaubnis oder ein Verbot, eine Möglichkeit oder Fähigkeit: *Wir sollen heute noch zu Oma kommen. (Ob wir es schaffen, ist ungewiss.)* Die Modalverben können auch allein das Prädikat eines Satzes bilden.
- Das **Futur** bezieht sich auf gewünschte (oder befürchtete) kommende Ereignisse: *Morgen werden Tim und Julia in den Urlaub fahren. (Falls nichts Unvorhergesehenes dazwischenkommt.)*
- **Modaladverbien** wie *vielleicht* oder *hoffentlich* können unterschiedliche Grade von Wahrscheinlichkeit, Ungewissheit, Hoffnung oder Befürchtung ausdrücken. *Wahrscheinlich ist die spanische Fußballnationalmannschaft Favorit beim WM-Finale. (Dennoch kann sie das Spiel verlieren.)*

64 **Setze die Modalverben aus dem Wortspeicher in ihrer richtigen Form in die Lücken ein. Schreibe auf, was sie in den Sätzen ausdrücken.**

wollen – müssen – sollen – können – mögen – dürfen

a) Ich ____________ heute Abend keinen Film im Fernsehen anschauen, weil ich mein Zimmer nicht aufgeräumt habe. ________________

b) Jonas ________________ nicht schwimmen, deshalb muss er einen Schwimmkurs machen. ________________

c) Unsere Lehrerin ________________ mit uns kein Klassenfest feiern, weil wir so ein wilder Haufen sind. ________________

d) Ich ____________________ diese Hose einfach kaufen, sie ist einfach zu schön. ________________

65 **Lies den folgenden Text. Unterstreiche alle Modalverben, Futurformen und Modaladverbien und überlege in jedem einzelnen Fall, welche inhaltliche Bedeutung die Form hat: Ist das Ereignis eher wahrscheinlich oder unwahrscheinlich, eher befürchtet oder erhofft?**

Die Geburt

Auf jeden Fall ist es bald so weit. Die Zeit wird womöglich langsam knapp. Isolde läuft unruhig in der Wohnung umher. Ihr Mann muss einfach rechtzeitig erscheinen. Er wird ihr sicherlich beistehen. Bis zur Geburt wird nicht mehr viel Zeit vergehen. Dann ein Knarren. „Sicherlich ist es Knut", denkt Isolde. Die Tür geht auf und ihr Mann kommt herein. „Wir müssen schnell die Hebamme rufen!", sagt er aufgewühlt. „Die ist höchstwahrscheinlich schon unterwegs", beruhigt ihn Isolde, „du solltest versuchen, ein wenig ruhiger zu werden." Er sieht mitgenommen aus, wahrscheinlich von der wilden Autofahrt nach Hause. „Es wird eine ganz normale Geburt werden, du sollst dir keine Sorgen machen", versucht Isolde ihren Mann zu beruhigen. „Aber was, wenn die Hebamme es nicht mehr rechtzeitig zur Geburt schaffen wird?" Isolde entgegnet: „Das wird schon nicht passieren, und es darf eigentlich auch nicht vorkommen. Gewiss ist sie pünktlich." „Entschuldige, aber diese Geburt kann mich noch völlig verrückt machen, ich möchte eigentlich gelassener sein! Ich werde bei dir sein!" Knut hält Isoldes Hand, als die Hebamme kommt.

1.5 Adjektive

Was sind Adjektive?

Adjektive (Eigenschaftswörter) sagen aus, *wie* etwas ist. Sie beschreiben die Eigenschaften oder Merkmale einer Person oder Sache, eines Zustands, eines Vorgangs oder einer Handlung, also eines Substantivs: *der große Hund, der rote Ball.* Adjektive werden kleingeschrieben. Sie

- stehen als **Beifügung vor einem Substantiv:** *der alte Hut.*
- werden wie ihr zugehöriges Substantiv (Bezugswort) dekliniert: *der alte Hut – des alten Hutes – dem alten Hut – den alten Hut.*
- können **Teil eines Prädikats** sein. Sie stehen dann häufig nach den Verben *sein, bleiben* und *werden: Sie ist frech. Es wird kalt. Er bleibt unfreundlich.*

66 **Erkennst du die Adjektive? Tipp: Du musst sie von hinten nach vorne lesen. Setze sie in ihrer richtigen Form in die Lücken ein.**

a) tug: Ich lese gerade ein richtig ____________________ Buch.

b) dnennaps, tnasseretni: Es ist nicht nur eine sehr ____________________ Geschichte, sondern auch ein äußerst ____________________ Thema.

c) giliewgnal, rekcel: Gestern habe ich im Kino einen ____________________ Film gesehen, aber wenigstens gab es ein ____________________ Eis.

d) tlak, uen: Heute ist ein ____________________ Tag. Deshalb ziehe ich meine ____________________ Winterjacke an.

e) hciltsök, llovtrew: Jakob hat seiner Mutter zum Geburtstag einen ____________________ Kuchen gebacken. Von seinem Vater hat sie eine ____________________ Kette bekommen.

f) uert, hcerf: Unser ____________________ Kater Findus ist verschwunden. Wir haben schon überall nach unserem ____________________ Mitbewohner gesucht.

67 **Ergänze die Fachbegriffe und fülle die Felder aus.**

	Einzahl: Singular	Mehrzahl: ____________
1. Fall: Nominativ	der schöne Tag	die schönen Tage
2. Fall: ____________		
3. Fall: ____________		
4. Fall: ____________		
1. Fall: Nominativ	das alte Auto	
2. Fall: ____________		
3. Fall: ____________		
4. Fall: ____________		
1. Fall: Nominativ		
2. Fall: ____________		
3. Fall: ____________		den kleinen Kindern
4. Fall: ____________		
1. Fall: Nominativ		
2. Fall: ____________		
3. Fall: ____________		
4. Fall: ____________	den dichten Wald	

Die Steigerung von Adjektiven

Die meisten Adjektive können gesteigert werden. Es gibt drei Steigerungsformen:

- **Positiv** (Grundform): *klein, arm, groß, klug.*
- **Komparativ** (Vergleichsstufe). Er wird gebildet, indem *-er* an die Grundform angehängt wird. Aus *a, o* oder *u* wird oft *ä, ö* oder *ü: kleiner, ärmer, größer, klüger.*
- **Superlativ** (Höchststufe). Er wird gebildet durch das Wörtchen *am* und das Anhängen von *-sten*: *am kleinsten, am ärmsten.*

Manche Adjektive werden **unregelmäßig gesteigert:** *gut – besser – am besten, viel – mehr – am meisten.* Einige Adjektive kann man **nicht steigern,** da sie schon einen absoluten Zustand oder Höchststand ausdrücken: *tot, super.*

68 **Steigere die folgenden Adjektive wie im Beispiel. Zwei Adjektive kannst du nicht steigern. Welche?**

Beispiel: schön – schöner – am schönsten

a) fein ______________ am ______________

b) dunkel ______________ am ______________

c) scharf ______________ am ______________

d) groß ______________ am ______________

e) total ______________ am ______________

f) lang ______________ am ______________

g) hoch ______________ am ______________

h) nah ______________ am ______________

i) viel ______________ am ______________

j) jährlich ______________ am ______________

69 **Finde selbst sechs Adjektive, die man üblicherweise nicht steigern kann. Schreibe in dein Heft.**

1.6 Pronomen

Personalpronomen

Das Pronomen (Stellvertreter, Fürwort) kann stellvertretend für ein Substantiv stehen, auf etwas Folgendes hinweisen oder sich auf etwas zurückbeziehen. Pronomen werden je nach ihrer Stellung im Satz **dekliniert.**
Das **Personalpronomen (persönliches Fürwort)** steht als Stellvertreter für Personen, Gegenstände oder Sachverhalte: *Adrian spielt in seinem Zimmer. **Er** ist schon seit Stunden beschäftigt. Ich gehe jetzt zu **ihm** und hole **ihn** zum Essen.*

- Singular: ich, du, er/sie/es
- Plural: wir, ihr, sie

70 **Ersetze bei den Sätzen die farbig hervorgehobenen Wörter und Wortgruppen durch Personalpronomen.**

a) Ilya, Hannes, Lutz und Amir spielen zusammen Fußball. ________

b) Meine Schwester geht jeden Tag zum Joggen. ________

c) Der Ausflug hat den Schülern überhaupt nicht gefallen. ________

d) Meine Mutter hat meinen Lehrer angerufen. ________________

e) Mein Onkel hat seit Neuestem einen Hund. Nun möchte mein Onkel den Hund mit in den Urlaub nehmen. ________________

f) Im Freizeitpark waren wir besonders begeistert von der riesigen mehrspurigen Achterbahn, die neu eröffnet wurde. ________

g) Linas kleiner Bruder möchte einen Hamster. Seine Eltern sagen aber, dass der kleine Bruder sich selbst um das Tier kümmern muss. ________

h) Ich habe diese Frau noch nie hier gesehen. ________

i) Die ganze Klasse, 12 Mädchen, 14 Jungen, der Klassenlehrer Herr Schmidt und die Mathelehrerin Frau Jung freuen sich auf das Landschulheim. ________

6.–7. KLASSE

Possessivpronomen

Das **Possessivpronomen (besitzanzeigendes Fürwort)** drückt ein Besitzverhältnis oder eine Zugehörigkeit aus: *Das ist mein Buch und das ist dein Buch. Das sind eure Bücher. Tom sucht sein Buch.* Es wird auch verwendet, wenn kein tatsächliches Besitzverhältnis vorliegt: *Mein Bus fährt gleich ab.*

- Singular: mein, dein, sein/ihr/sein
- Plural: unser, euer, ihr

71 **Setze passende Personal- und Possessivpronomen ein.**

Guten Tag! Darf ____________ ____________ vorstellen? ____________ Name ist Anton Kowalski und ________ bin ____________ neuer Basketballtrainer. ____________ freue ____________ sehr, dass ________ bei ____________ sein darf!

Beim nächsten Training haben ____________ viel vor. ____________ müsst auf jeden Fall ____________ Ballgefühl trainieren und manche von ____________ müssen an ____________ Schnelligkeit arbeiten.

Im Großen und Ganzen seid ____________ aber eine tolle Truppe und ____________ freue ____________ schon darauf, mit ____________ beim nächsten Turnier in Grumbach mitzumachen.

Mein Co-Trainer und ich haben viele Ideen. ____________ werden für jeden von ____________ einen Trainingsplan erstellen und freuen ____________ schon darauf, mit ____________ loszulegen. Packen ____________ es an!

Reflexivpronomen

Das **Reflexivpronomen (rückbezügliches Fürwort)** drückt aus, dass sich ein Geschehen oder eine Handlung auf den Handelnden (das Subjekt) selbst zurückbezieht: ***Die Schüler*** *beeilten* ***sich. Ich*** *schäme* ***mich. Er*** *schämt* ***sich.*** In der 3. Person Singular und Plural hat das Reflexivpronomen im Dativ und Akkusativ die Form *sich*. Die übrigen Formen entsprechen den Formen des Personalpronomens (↑ S. 56).

72 **Bilde aus den Bestandteilen Sätze mit Reflexivpronomen.**

a) Moritz kaufen einen neuen Roller.

____

b) Wieso du immer Sorgen machen über die Noten?

____

c) Ich freuen auf die Ferien mit dir.

____

d) Er wünschen ein großes Geburtstagsfest.

____

e) Du müssen abgewöhnen das Nägelkauen.

____

f) Wir ärgern über das Ergebnis der Klassensprecherwahl.

____

g) Er bedanken bei seinen Freunden.

____

h) Warum du nicht entscheiden können?

____

i) Wir einen Film ansehen.

____

Demonstrativpronomen

Das **Demonstrativpronomen (hinweisendes Fürwort)** weist auf etwas oder jemanden hin. Demonstrativpronomen sind z. B. *dieser/diese/dieses, jener/jene/jenes, der/die/das, derselbe, derjenige …*: ***Der*** *dort drüben gefällt mir. Ist* ***das*** *dein Kleid?* ***Dasselbe*** *habe ich mir auch gekauft.*

- ***dieser, diese, dieses*** (weisen auf Personen oder Dinge hin, die räumlich und zeitlich näher sind): *Meinst du* ***diese*** *Tasche hier?*
- ***jener, jene, jenes*** (weisen auf etwas Entfernteres hin): *Nein, ich meine* ***jene*** *dort an der Garderobe.*

73 **Kreuze die richtigen Antworten an. Einmal sind zwei Antworten richtig.**

a) In welcher Reihe findest du nur Demonstrativpronomen?
- ☐ meine – ihrer – diese
- ☐ das – jener – dieses
- ☐ die – welcher – unserer
- ☐ keiner – solche – mir

b) Welcher Satz enthält ein Demonstrativpronomen?
- ☐ Gib mir das Salz!
- ☐ Ich möchte diese Hose kaufen.
- ☐ Hast du dich schon impfen lassen?
- ☐ Welches Handy ist deines?

c) Welche Angabe gilt für Demonstrativpronomen?
- ☐ Sie können das Substantiv eines Satzes ersetzen.
- ☐ Sie leiten einen Nebensatz ein.
- ☐ Sie sind unveränderlich.
- ☐ Sie geben ein Besitzverhältnis an.

d) Welche Demonstrativpronomen passen?
Hast du mein Matheheft gesehen? Meinst du ____ oder ____?
- ☐ dieses – jenes
- ☐ dieselbe – dieser
- ☐ das – dieses
- ☐ jene – der

Relativpronomen

Die Relativpronomen *der, die, das* und *welcher, welche, welches* leiten einen **Nebensatz (Relativsatz)** ein. Sie richten sich in ihrer Form nach dem Bezugswort: *Ich rede von dem* ***Mann, der*** *einen grünen Mantel trägt. Das* ***Haus, welches*** *auf dem Hügel steht, wird renoviert.*

74 **Bestimme die Pronomen. Handelt es sich um ein Personalpronomen (PE), ein Possessivpronomen (PO), ein Demonstrativpronomen (DE) oder ein Relativpronomen (RE)? Trage die Abkürzungen in die Felder ein.**

a) Er (____) hatte ein Auto gekauft, das (____) nur drei Liter verbrauchte.

b) „Dieses (____) Buch ist mein (____) Buch!“, sagte er (____) stolz.

c) Was macht der (____) denn da?

d) Das Mädchen, (____) das gestern bei mir (____) angerufen hat, …

e) Was ich (____) dir (____) noch sagen wollte, …

f) Dein (____) Freund kann mir (____) gestohlen bleiben!

g) Ich (____) möchte das (____) nicht noch einmal erleben!

h) War das (____) dein (____) Freund, der (____) gestern angerufen hat?

i) „Frau Sander, Sie (____) wissen, dass er (____) gelogen hat, oder?“

j) Das (____) glaube ich (____) nicht!

75 **Ersetze im folgenden Text das dreimal wiederholte Substantiv *Mädchen* durch drei Pronomen. Verwende je ein Relativpronomen, ein Personalpronomen und ein Possessivpronomen. Schreibe in dein Heft. Beginne mit: *Ich weiß aber nicht, …***

> Heute kam ein Mädchen neu in unsere Klasse. Ich weiß aber nicht, wie das Mädchen heißt. Denn als Frau Sander das Mädchen vorgestellt hat, habe ich nicht zugehört. Vorhin habe ich das Fahrrad des Mädchens vor dem Nachbarhaus gesehen.

Indefinitpronomen

Das **Indefinitpronomen (unbestimmtes Fürwort)** wird verwendet, wenn man über Personen, Sachverhalte, Mengen oder Größen keine genaueren Angaben machen kann oder will: ***Irgendjemand** spielt Klavier.*

- Indefinitpronomen sind z. B. *einige, etliche, jemand, etwas, kein, mancher* usw. Sie richten sich in der Regel nach dem Substantiv, das sie begleiten: ***Jeder** Mensch hat einen Vater und eine Mutter.*
- Die Indefinitpronomen *etwas, man* und *nichts* sind unveränderlich: ***Man** weiß nicht, wer Klavier gespielt hat.*

76 **Im Wortspeicher sind sieben Indefinitpronomen versteckt. Finde sie und setze sie in ihrer richtigen Form in die Sätze ein.**

N	M	J	E	M	A	N	D	Q	X	O	F
I	T	B	H	G	L	R	M	C	L	U	E
E	A	M	X	D	L	V	O	H	U	B	T
M	V	F	J	P	E	X	T	K	D	R	W
A	Q	C	N	I	S	M	G	Z	P	N	A
N	G	O	B	S	V	N	I	C	H	T	S
D	K	D	W	M	G	Y	M	P	S	S	K
L	P	M	Q	A	J	T	H	Z	Q	F	R
I	R	G	E	N	D	J	E	M	A	N	D

a) Das Buch muss ________________ gelesen haben.

b) Habt ihr ________________ Essbares im Haus?

c) Du musst ________________ fragen, der sich damit auskennt.

d) Ich weiß, dass ich ________________ weiß.

e) Muss ich denn immer ________________ alleine machen?

f) ________________, ich weiß nicht wer, hat mir ein Geschenk gebracht.

g) ________________ ist eine Insel.

1.7 Präpositionen

Gebrauch und Funktion

Präpositionen (Verhältniswörter) gehören zu den unveränderlichen Wortarten. Sie

- geben **Beziehungsverhältnisse** an: *vor, nach, mit, wegen, von, seit, dank, auf, an, mit, in …*
- kommen immer mit einem anderen Wort vor, meist einem Substantiv oder Pronomen. Zusammen bilden sie eine Wortgruppe, die sogenannte **Präpositionalgruppe:** *auf dem Baum, hinter ihm.*
- können manchmal mit dem nachfolgenden **Artikel verschmelzen:** *in + das = ins, zu + der = zur, bei + dem = beim …*
- machen Angaben zum Ort (lokal: *wo? wohin?*), zur Zeit (temporal: *wann?*), zum Grund oder Zweck (kausal: *warum? wozu?*) und zur Art und Weise (modal: *wie?*): *in die Schule, ab sieben Uhr, aus Mitleid, ohne meine Zustimmung.*
- bestimmen (regieren) den **Kasus** (Fall) ihres Bezugsworts: *Ich gehe in* ***den*** *Keller. Wir treffen uns hinter* ***der*** *Kirche.*

77 **Schreibe zu jeder der folgenden Präpositionen einen Satz auf.**

a) neben: ______________________________

____

b) bei: ______________________________

____

c) mit: ______________________________

____

d) ohne: ______________________________

____

e) seit: ______________________________

____

6. KLASSE

78 **Setze die vorangestellten Präpositionen richtig ein und bestimme, ob sie ein lokales (Ort), temporales (Zeit), kausales (Grund) oder modales (Art und Weise) Verhältnis ausdrücken.**

a) mit, im: Unsere Turnlehrerin hat ________ (__________) ihrem Mann ein Trainingscamp ____ (__________) Schwarzwald für uns organisiert.

b) während, hinter, neben: __________ (__________) der Busfahrt saß ich __________ (_________) Anna und __________ (_________) Jana.

c) am, nach: Die Jugendherberge ____________ (____________) See erreichten wir ___________ (_____________) zwei Stunden.

d) vor, nach: Wir trainierten ________ (_________) dem Frühstück eine Stunde und _________ (_________) dem Mittagessen zwei Stunden.

e) dank, während: Wir hatten __________ (__________) unserer Trainerin viel Spaß ____________ (_________) dieser Tage.

79 **Setze eine passende Präposition ein und schreibe auf, welcher Fall (Kasus) danach steht (↑ S. 14).**

a) Sie liebt es, __________ die Musikschule zu gehen. → ____________

b) Die 7 d und die 7 a hatten Streit ____________ dem Pausenhof. → ______________________

c) Er sitzt mal wieder ___________ den Stühlen. → ______________

d) ______________ einer großen Torte backen wir einen kleinen Kuchen. → ______________________

e) ___________ des Unterrichts bleibt das Handy aus. → ___________

f) Das mache ich nur ___________ dir. → ______________

g) _____________ mir die Sintflut. → ____________________

h) ___________ dich lege ich meine Hand ins Feuer. → ____________

1.8 Konjunktionen

Gebrauch und Funktion

Konjunktionen (Bindewörter) verbinden Sätze, Wortgruppen und Wörter. Sie sind unveränderlich. Man unterscheidet nebenordnende und unterordnende Konjunktionen:

- **Nebenordnende Konjunktionen** verbinden gleichrangige (Teil-)Sätze, Wörter und Wortgruppen. Dabei haben sie verschiedene Funktionen: Reihung und Zusammenfassung *(und, (so)wie, sowohl ... als auch)*, Angabe von Alternativen oder Gründen *(oder, entweder ... oder, denn)*, Darstellung von Gegensätzen oder Einschränkungen *(aber, jedoch, doch, sondern)*.
- **Unterordnende Konjunktionen** verbinden einen Nebensatz mit einem Hauptsatz. Sie leiten Aussagen ein zur Zeit *(während, bevor, nachdem)*, zum Grund *(da, weil)*, zum Zweck *(dass, damit)*, zur Bedingung *(denn, falls)*, zu Gegensätzen oder Einschränkungen *(obwohl, obgleich, wenn auch)*, zur Art und Weise *(also ob, indem, wie)*.

80 **Setze die passenden Konjunktionen aus dem Wortspeicher ein.**

indem – dass – nachdem – als – während – weil – obwohl

a) In dem Moment, ______________ ich die Haustür hinter mir zuzog, fing es an zu regnen.

b) Ich beeilte mich, ______________ ich spät dran war.

c) ______________ es erst vier Uhr war, dunkelte es bereits.

d) Ich schützte mich vor dem Regen, ______________ ich dicht an den Häuserwänden entlanglief.

e) ____________________ ich an der Ampel wartete, überquerten viele Passanten bei Rot den Fußgängerüberweg.

f) Ich hatte mich so beeilt, ______________ ich völlig außer Puste war.

g) ______________ ich dreimal geklingelt hatte, gab ich auf.

81 **Verbinde die Satzteile zu unterschiedlichen Satzkonstruktionen. Verwende die vorgegebenen Konjunktionen.**

Beispiel: Text fertig – falsches Thema – nachdem ⟶ Nachdem ich den Text fertig geschrieben hatte, stellte ich fest, dass ich das falsche Thema genommen hatte.

obwohl	weil	indem	während

a) gründlich geübt – viele Fehler: ______________________________

____

b) schlecht geschlafen – unkonzentriert: ______________________________

____

c) Arbeit schreiben – Lehrer liest Zeitung: ______________________________

____

d) Bestrafung – Ausflug gestrichen: ______________________________

____

82 **Bestimme die Wortart. Handelt es sich um einen Artikel, ein Demonstrativpronomen, ein Relativpronomen oder eine Konjunktion? Setze *s* oder *ss* ein und ergänze die Wortart.**

a) Ich gebe dir da________ Heft. ______________________________

b) Hier ist ein Mäppchen, da________ groß genug für dich ist.

____

c) Was ist da________ denn? ______________________________

d) Sokrates hat gesagt: „Ich weiß, da________ ich nichts weiß!“

____

1.9 Adverbien

Gebrauch und Funktion

Das **Adverb (Umstandswort)** bestimmt die näheren Umstände eines Geschehens. Adverbien sind unveränderlich. Sie liefern zusätzliche Informationen

- zum **Ort** (lokal: *wo? wohin? woher?*): *draußen, dort, bergauf, überall …*
- zur **Zeit** (temporal: *wann? wie lange?*): *damals, jetzt, immer, heute …*
- zur **Art und Weise** (modal: *wie? auf welche Weise?*): *gern, vielleicht …*
- zum **Grund** (kausal: *warum? weshalb?*): *damit, deshalb, folglich …*

Das Adverb kann im Satz verschieden verwendet werden und übernimmt dann unterschiedliche Funktionen:

- als **selbstständiges Satzglied** (adverbiale Bestimmung); es bezieht sich auf das Verb oder den ganzen Satz: ***Hier** entstehen fünf Neubauten. **Gestern** hat es geregnet.*
- als **Attribut;** es ist einzelnen Wörtern oder Wortgruppen zugeordnet: *Er verkaufte **sehr** große Erdbeeren. Das Spiel **gestern** fiel aus.*
- innerhalb einer **festen Fügung** hinter der Präposition: *Ich bin **in spätestens** zwei Stunden wieder zurück.*

83 **Vervollständige die Sätze mit Wörtern aus dem Wortspeicher.**

mehr – Adverbien – Person – am liebsten – steigern – Handlung – unveränderlich – Adjektive (2x) – lieber – Umstände – am meisten

Adjektive und Adverbien werden oft verwechselt. So kannst du sie unterscheiden: ____________________ beschreiben eine ____________ oder Sache näher, Adverbien beschreiben die näheren ____________ einer ____________________ oder eines Zustands. Der wichtigste Unterschied zwischen ____________________ und ____________ ist: Adverbien sind ____________________. Ein weiterer Unterschied ist: Die meisten Adverbien lassen sich nicht ____________________.

Einige wenige greifen aber auf andere, veränderbare Wörter zurück, um Steigerungsformen zu bilden, zum Beispiel: sehr – ____________________ – ____________________ oder gern – ____________________ – ____________________.

84 **Unterstreiche die Adverbien.**

a) Morgen werde ich dich besuchen.

b) Sie reagiert allergisch auf Nüsse, darum meidet sie Nusskuchen.

c) Ich habe glücklicherweise keine Strafarbeit bekommen.

d) Das Buch liegt dort oben im Regal.

e) Hoffentlich bist du nächste Woche wieder gesund.

f) Wir haben gestern einen neuen Schrank gekauft.

g) Er hat kaum geschlafen, deshalb sieht er so müde aus.

h) Lass uns zusammen überlegen.

i) Wir steckten fest. Links befand sich ein Abgrund, rechts die Felswand.

j) Notfalls müssen wir eine Verlängerung beantragen.

k) Donnerstags gibt es in der Schulkantine immer Fisch.

85 **Sortiere die Adverbien aus Übung 84 in die Tabelle ein.**

lokal (Ort)	temporal (Zeit)	modal (Art und Weise)	kausal (Grund)
	morgen		

1.10 Numeralia

Bestimmte und unbestimmte Numeralia

Zahlwörter (Numeralia), die als Beifügung zu einem Substantiv stehen können, gehören zu den Adjektiven (↑ S. 53).

- **Bestimmte Numeralia** geben eine exakte Zahl an. Zu ihnen gehören z. B. Kardinalzahlen (Grundzahlen: *eins, zwei, ... zehn, ... hundert* ...), Ordnungszahlen (Ordinalzahlen: *erste, zweite, der Dritte* ...), Bruchzahlen *(ein halb, ein Viertel ...)*, Vervielfältigungszahlen (*einfach, zweifach ... tausendfach*) und Wiederholungszahlen *(einmal, zweimal ...)*.
- **Unbestimmte Numeralia** nennen keine genaue Zahl. Sie bezeichnen eine unbestimmte Menge: *wenig, viel, zahllos, einige, ein paar ...*

86 **Entscheide, ob du für die Zahlen in den Klammern eine Grundzahl, eine Ordnungszahl oder eine Vervielfältigungszahl einsetzen musst, und vervollständige dann die Tabelle unten.**

Am Wochenende will Alexander ________________ (5) Freunde einladen, um mit ihnen im Garten seiner Eltern eine Party zu feiern.

Der ________________ (1) Gast soll als Überraschung einen Kinogutschein bekommen.

Amira klingelt als ________________(1), weil sie Alexanders Nachbarin ist und den kürzesten Weg hat. Dann kommt Jonas, er klingelt ________________ (7) Mal. Die ________________ (5) und Letzte ist Marla, weil sie den Bus verpasst hat.

	Grundzahl	Ordnungszahl	Vervielfältigungszahl
1			
			fünffach
	sieben		

7. KLASSE

1.11 Interjektionen

Gebrauch und Funktion

Interjektionen (Ausrufe- und Empfindungswörter) stellen eigene, selbstständige Äußerungen dar und kommen vor allem in der **gesprochenen Sprache** oder in **Comics** vor. Sie stehen im Satz isoliert und werden oft mit einem Komma oder Ausrufezeichen abgetrennt: *Brrr, ist das kalt! Huch! Hast du mich aber erschreckt!* Interjektionen können:

- Empfindungen bzw. Gefühle wie Schmerz, Angst, Ekel oder Freude zum Ausdruck bringen: *autsch, oje* ...
- Aufforderungen ausdrücken: *halt, pst* ...
- Laute oder Klänge nachahmen: *hui, miau* ...
- ein Gespräch am Laufen halten: *aha, richtig* ...

87 **Ordne die Interjektionen ihrer Funktion zu und schreibe sie auf die entsprechenden Linien.**

brr | hurra | pst | pfui | aua | hm | igitt | basta

hatschi | miau | he | tatütata | aha | bitte? | ticktack

genau | wuff wuff | wow | dalli dalli | rums | peng | oh

Empfindung: ______________________________

____

Aufforderung: ______________________________

____

Laute: ______________________________

____

Gespräch am Laufen halten: ______________________________

____

1.12 Verschiedenes

Substantivierung verschiedener Wortarten

Im Allgemeinen werden die Wortarten, außer Substantive, im Deutschen kleingeschrieben. Wörter, die als Substantiv gebraucht werden, auch wenn sie ursprünglich zu einer anderen Wortart gehören, nennt man **Substantivierungen (Nominalisierungen)** – und diese schreibt man groß. Oft werden sie durch einen Begleiter angekündigt:

- Verben: *das Laufen, beim Tippen, langes Warten.*
- Adjektive und Partizipien: *wenig Neues, viel Gutes, etwas Gesticktes.*
- Pronomen und Zahlwörter: *mein neues Ich, jeder Dritte, die Dreizehn.*
- Adverbien und Präpositionen: *im Voraus, kein Heute und kein Gestern, das Für und Wider.*
- Konjunktionen und Interjektionen: *ohne Wenn und Aber, das Ach und Weh.*

88 **Setze das vorangestellte Wort in seiner richtigen Schreibung ein.**

a) groß: Ist es wahr? Deine ________________ wird schon 17?

b) alt, neu: Es war viel ______________ und wenig ______________ dabei.

c) schwimmen: Vor dem ________________________ muss man duschen.

d) drängeln: Das ____________________ auf dem Pausenhof ist verboten.

e) 13: Die _______________________ fährt bis zum Bahnhof.

f) er, sie: Ist das ein _______ oder eine _______?

g) hier, heute: Wir leben im ________________ und _________________.

h) rums: Mit einem kräftigen _______________ fiel er zu Boden.

89 **Was ist richtig? Unterstreiche.**

a) Dein ewiges Motzen/motzen nervt mich total.

b) Ich habe dich zum fressen / Fressen gern.

c) Etwas Schöneres / schöneres kann ich mir nicht vorstellen.

d) Im großen / Großen und ganzen / Ganzen bin ich zufrieden.

90 **Beantworte die verschiedenen Fragen zum Thema Wortarten.**

a) Unterscheide die Wortarten. Kreuze an.

Ist *vor* ☐ Präposition oder ☐ Adverb?

Ist *gestern* ☐ Adverb oder ☐ Pronomen?

Ist *dass* ☐ Konjunktion oder ☐ Pronomen?

b) Welche Wortart wird konjugiert? Kreuze an.

☐ Verb ☐ Adjektiv

c) Welche der beiden Wortarten ist unveränderlich? Kreuze an.

☐ Präposition ☐ Substantiv

91 **Nenne die Fachbegriffe.**

a) Fall: ______________________________

b) Zeitform: ______________________________

c) Geschlecht: ______________________________

d) 3. Fall: ______________________________

e) 2. Steigerungsstufe von Adjektiven: ____________________

f) Einzahl: ______________________________

92 **Bestimme die Fälle der Substantive und Pronomen.**

Er (____________________) gab ihm

(____________________)

den Ball (____________________).

2

Wortbildung

2.1 Ableitungen

Wortstamm, Präfixe und Suffixe

Eine Möglichkeit der Wortbildung ist die **Ableitung.** Wörter setzen sich aus verschiedenen **Wortbausteinen** zusammen. Die Hauptbedeutung trägt der **Wortstamm.** Dieser Wortstamm wird zu einem neuen Wort

- durch das Voranstellen einer **Vorsilbe (Präfix):** *feind* (Wortstamm) → *Erz-* (Präfix) → *Erzfeind*; weitere Beispiele: *be-leben, ent-laufen, ver-geben, Miss-klang, zer-brechen.*
- durch das **Anhängen einer Nachsilbe (Suffix):** *feind* (Wortstamm) → *-lich, -schaft* (Suffixe) → *feindlich, Feindschaft*; weitere Beispiele: *lebend-ig, Kind-heit, Bild-ung, ärger-lich, Sauber-keit.*

1 **Zerlege die Wörter in ihre Wortbausteine Präfix und Wortstamm. Bilde dann aus den Präfixen und Wortstämmen neue Wörter und schreibe diese in dein Heft.**

Zuschuss	______	Aufgabe	______
Ableitung	______	Eingang	______
Verkauf	______	Entschluss	______

2 **Bilde zu den Adjektiven Substantive und zu den Substantiven Adjektive und schreibe sie auf.**

a) schön die ______
b) fähig ______
c) reich ______
d) verwandt ______
e) einsam ______
f) dunkel ______

6. KLASSE

g) Wunder ______________________

h) Furcht ______________________

i) Ärger ______________________

j) Traum ______________________

k) Wind ______________________

l) Freund ______________________

3 **Finde möglichst viele Suffixe und Präfixe zu dem Wortstamm *stimm* und zu dem Wortstamm *trau*. Schreibe die Wörter, die daraus entstehen, in die Tabelle.**

Wortstamm: *stimm*	Wortstamm: *trau*

4 **Benenne die Wortbestandteile des Substantivs *Verurteilung*.**

VER ______________________

URTEIL ______________________

UNG ______________________

5 **An welchen Suffixen kannst du erkennen, ob das Wort großgeschrieben wird? Unterstreiche diese Suffixe. Bilde dann zu allen Suffixen ein Beispiel.**

a) -haft ______________________ b) -sam ______________________

c) -keit ______________________ d) -isch ______________________

e) -heit ______________________ f) -nis ______________________

g) -bar ______________________ h) -lich ______________________

i) -igkeit ______________________ j) -tum ______________________

k) -ig ______________________ l) -ung ______________________

6 **Bilde mit dem Präfix *ver-* zehn Verben wie in diesem Beispiel: *ver-lernen*.**

______________________ ______________________

______________________ ______________________

______________________ ______________________

______________________ ______________________

______________________ ______________________

7 Von *sehen* lassen sich mithilfe von Präfixen viele neue Verben ableiten, z. B. *an-sehen*. Bilde sechs Ableitungen.

______________________ ______________________

______________________ ______________________

______________________ ______________________

8 Ordne den Wortbestandteilen passende Suffixe zu.

-keit | -nis | -heit | -tum | -schaft | -ung

a) Neuig_____ **b)** Ereig_____

c) Eigen_____ **d)** Heiter_____

e) Versäum_____ **f)** Führ_____

g) Geheim_____ **h)** Fähig_____

9 Zu welchem Wortbestandteil aus Übung 8 passen drei der sechs Suffixe? Schreibe die Suffixe auf. Notiere dann die drei Wörter, die mit diesem Wortstamm und den Suffixen gebildet werden können.

____

____

____

____

2.2 Zusammensetzungen

Grundwort und Bestimmungswort

Wörter werden nicht nur durch Ableitungen, sondern auch durch Zusammensetzungen gebildet. Eine **Zusammensetzung (Kompositum)** ist die Verbindung von zwei oder mehreren Wörtern: *Kaffee + Tasse → Kaffeetasse.*

- Der erste Bestandteil ist das **Bestimmungswort;** es erklärt das Grundwort näher. Bestimmungswörter können Adjektive, Verben und Substantive sein.
- Das **Grundwort** ist der letzte Bestandteil der Zusammensetzung. Es bestimmt das Genus und die Wortart der Zusammensetzung.
- Fast alle **Wortarten** können kombiniert werden: *fertig + Gericht = Fertiggericht, Bus + Fahrer = Busfahrer.* Ist ein Verb das Bestimmungswort, fällt die Infinitivendung weg: *mal(en) + Stift = Malstift.*
- Manchmal muss man noch ein **Fugenelement** hinzufügen: *Bild-er-rahmen, Schmerzen-s-geld.*
- Bestimmungswort und Grundwort sind nicht beliebig austauschbar, ohne dass sich die Bedeutung ändert: *Blume + Topf → Blumentopf, Topf + Blume → Topfblume.*

10 **Bilde aus den Bestandteilen zusammengesetzte Substantive, schreibe sie mit ihrem Artikel auf und unterstreiche das Bestimmungswort.**

Englisch	Schlange	
Auto	Kreis	
Gast	Kranz	
klettern	Fahrer	
Advent	Gerüst	
Brille	Haus	
Freund	Geld	
Schmerz	Lehrer	

6. KLASSE

11 **Welche zusammengesetzten Adjektive kannst du aus den Substantiven im Wortspeicher und den vorgegebenen Adjektiven bilden? Schreibe sie auf.**

Eis – Geist – Wunder – Riese – Hand – Stock – Butter – Zitrone – Haus – Blitz – Spindel – Staub – Tag – Himmel

____________dürr	____________kalt
____________hoch	____________reich
____________trocken	____________schnell
____________hell	____________fest
____________schön	____________weich
____________groß	____________gelb
____________steif	____________blau

12 **Suche Bestimmungswörter.**

a) Finde möglichst viele Wortzusammensetzungen mit dem Grundwort *-rad:* ____________

____

____

b) Manchmal verändert ein neues Bestimmungswort die Bedeutung des Grundworts völlig: *Schulfach/Eisfach, Windspiel/Glücksspiel.* Finde bedeutungsverändernde Bestimmungswörter zu den Grundwörtern: *-gericht, -tor* und *-leiter.*

____

____

____

____

2.3 Wortkürzung

Kurzwortbildung

Wie bei der Ableitung und bei der Zusammensetzung entstehen auch bei der **Wortkürzung** neue Wörter. Im Gegensatz zu den beiden ersten Möglichkeiten werden die Wörter aber nicht länger, sondern kürzer, da Wortbestandteile weggelassen werden:

- Einzelne Buchstaben eines Wortes oder einer Wortgruppe bleiben stehen: *Deutscher Aktienindex* → *DAX.*
- Es bleiben einzelne Silben stehen: *Kriminalpolizei* → *Kripo.*
- Ein zusammenhängender Teil des Wortes bleibt übrig, manchmal mit dem Suffix *-i: Professionelle/Professioneller* → *Profi.*

13 **Schreibe zu den Kurzwörtern die „langen Wörter" auf zu den „langen Wörtern" die Kurzwörter oder Abkürzungen. Tipp: Nutze dein Wörterbuch.**

DNS: ______________________________

Assistent: ______________________________

Global Positioning System: ______________________________

App: ______________________________

Mathematik: ______________________________

NATO: ______________________________

Schiedsrichter: ______________________________

High Definition Television: ______________________________

LED: ______________________________

Volkswagen: ______________________________

Azubi: ______________________________

Demo: ______________________________

Kindertagesstätte: ______________________________

Abitur: ______________________________

2.4 Wortfeld und Wortfamilie

Wortfeld und Synonyme

- Wörter, die eine ähnliche Bedeutung haben, bilden ein **Wortfeld:** *sagen, erzählen, mitteilen, behaupten, äußern, erklären ...*
- Wörter mit fast gleicher Bedeutung nennt man **Synonyme:** *plötzlich, ohne Ankündigung, unvermittelt, auf einmal ...*

Wenn du Wörter mit ähnlicher oder fast gleicher Bedeutung kennst, hilft dir das dabei, abwechslungsreich zu schreiben und Wortwiederholungen zu vermeiden.

14 **Finde für die folgenden Wörter andere Wörter mit gleicher Bedeutung.**

sagen	____________	Haus	____________
hier	____________	etwas	____________
ängstlich	____________	leise sprechen	____________
sich setzen	____________	ungenau	____________
super	____________	wütend	____________
begegnen	____________	groß	____________
bedeutend	____________	Idee	____________
still	____________	nass	____________
und	____________	krumm	____________
gehen	____________	antworten	____________
Bild	____________	nur	____________
Computer	____________	vielleicht	____________
regnen	____________	streiten	____________

15 **Ordne die Wörter aus dem Wortspeicher den Wortfeldern zu.**

hasten – handeln – schauen – betrachten – beobachten – schlendern – erledigen – fertigen – laufen – verrichten – blicken – gaffen – stapfen – herstellen – spazieren – schreiten – mustern – zubereiten – ausüben – marschieren – durchführen – besichtigen – spähen – wandern – bummeln – leisten - entdecken

gehen	sehen	machen

16 **Bilde selbst Wortfelder. Finde zu jedem Wort mindestens fünf sinnverwandte Wörter.**

a) sagen: ______________________

____

b) fragen: ______________________

____

c) schwimmen: ______________________

____

Wortfamilie

Wörter mit dem gleichen **Wortstamm** bilden zusammen eine Wortfamilie. Sie werden durch **Ableitungen** und **Zusammensetzungen** gebildet (↑ S. 72, 76). Zu einer Wortfamilie gehören Wörter verschiedener Wortarten: *lachen, lächeln, lächerlich, Lacher, Lachnummer, Lachfalten, lachhaft, Lachkrampf, Lächerlichkeit ...*

17 **In diesem Wortgitter sind 16 Wörter aus vier Wortfamilien versteckt. Finde sie und ordne sie einander zu.**

A	B	B	A	U	E	N	R	W	Z	U	G	M	O	U
U	P	F	L	N	H	C	B	E	J	H	E	F	F	M
F	A	H	R	S	C	H	E	I	N	S	H	A	G	Z
Z	L	C	I	S	R	B	B	K	W	E	O	H	G	I
I	D	H	C	U	M	B	A	U	A	A	L	R	E	E
E	H	A	U	S	B	A	U	A	T	B	F	T	F	H
H	E	L	F	E	R	L	E	G	E	F	E	P	Ä	E
E	I	S	E	W	A	N	N	S	P	U	N	S	H	N
N	V	E	R	Z	O	G	E	N	G	H	M	T	R	K
X	L	P	H	I	L	F	S	B	E	R	E	I	T	F
H	I	L	F	L	O	S	I	G	K	E	I	T	H	S

Wortfamilie 1: ______________________________

____

Wortfamilie 2: ______________________________

Wortfamilie 3: ______________________________

____

Wortfamilie 4: ______________________________

____

2.5 Homonym und Antonym

Homonym

Als Homonyme bezeichnet man Wörte, die **gleich klingen,** aber **verschiedene Bedeutungen** haben: *Kiefer (Baum/Knochen), Hahn (Tier/Wasserhahn).*
Ihre Bedeutung geht aus dem Satzzusammenhang hervor: *Die Nadeln der Kiefer sind lang. Der Kiefer des Raubtiers ist kräftig.*

18 **Erkläre die unterschiedliche Bedeutung der folgenden Homonyme.**

ARM __________

LEHRE __________

SIEBEN __________

STEUER __________

TAU __________

FEST __________

GEFAHREN __________

BAUER __________

NAGEL __________

ROLLE __________

MARKE __________

19 **Schreibe zu den Homonymen ARM und TAU je zwei Sätze, bei denen du die unterschiedlichen Bedeutungen berücksichtigst.**

Antonym

Antonyme („Gegenwörter") sind Wortpaare, die eine entgegengesetzte Bedeutung haben. Sie bezeichnen das **Gegenteil** des Gesagten: *Tag – Nacht, schwarz – weiß, schlendern – rennen.*

20 **Finde Gegensatzpaare und schreibe sie auf.**

klein	hell	Frau	groß	Hass	verlieren
dunkel	kalt	Liebe	warm	Mann	gewinnen

____

____

____

21 **Ordne die Antonympaare einander zu, indem du sie miteinander verbindest.**

importieren	kündigen
einstellen	ablehnen
annehmen	ausführen
geben	exportieren
anordnen	nehmen
begrüßen	misslingen
gelingen	entgegennehmen
überreichen	verabschieden
liefern	bestellen

3 Satzglieder

3.1 Grundsätzliches

Umstellprobe und Ersatzprobe

Ein Satz besteht aus verschiedenen Bausteinen, den Satzgliedern. Ein Satzglied kann aus einem einzelnen Wort oder einer Wortgruppe bestehen: *Er / schreibt / ein Buch. Unser neuer Lehrer / hat / in den Sommerferien / ein spannendes Buch / geschrieben.* Um herauszufinden, welche Wörter ein Satzglied bilden, gibt es zwei Möglichkeiten:

- Bei der **Umstell- oder Verschiebeprobe** werden die Teile eines Satzes umgestellt. Alle Wörter, die bei der Umstellung zusammenbleiben, gehören zu einem Satzglied. Die Wörter dürfen in ihrer Form nicht verändert werden und der Satz muss weiterhin sinnvoll und vollständig sein:
  Anna / gibt / ihrer Freundin Lisa / eine Kette.
  Ihrer Freundin Lisa / gibt / Anna / eine Kette.
  Eine Kette / gibt / Anna / ihrer Freundin Lisa.
- Bei der **Ersatzprobe** wird ein Satzglied durch ein anderes Satzglied ersetzt. Das Wort oder die Wortgruppe, die ersetzt werden kann, bildet ein Satzglied.
  Lunas Schwester / kommt / später.
  Sie / kommt / nachher.
  Elli / kommt / in einer Stunde.

1 **Bilde mithilfe der Umstellprobe drei weitere Sätze aus dem folgenden Satz.**

Felix schenkt seinem Freund Tobias ein Computerspiel zum Geburtstag.

____

____

____

____

____

____

2 **Setze Trennstriche zwischen den Satzgliedern. Wende die Umstellprobe an.**

a) Anton und Miki tragen einen Wanderrucksack.

____

b) Er sagte es ihm sofort.

____

c) Luuk besiegte seine Mutter beim Tischtennisspielen.

____

d) Nach den Ferien gratulierte er ihm zum Geburtstag.

____

3 **Ersetze die farbig hervorgehobenen Satzglieder durch sinnverwandte Wörter oder durch Pronomen.**

a) Die Mädchen schenkten ihrem Fußballtrainer eine Eintrittskarte für das Pokalspiel.

____

b) Die Mädchen schenkten ihrem Fußballtrainer eine Eintrittskarte für das Pokalspiel.

____

c) Die Mädchen schenkten ihrem Fußballtrainer eine Eintrittskarte für das Pokalspiel.

____

d) Die Mädchen schenkten ihrem Fußballtrainer eine Eintrittskarte für das Pokalspiel.

____

e) Die Mädchen schenkten ihrem Fußballtrainer eine Eintrittskarte für das Pokalspiel.

____

4 **Mache bei jedem der fünf Sätze die Umstellprobe.**

a) Mein Bruder möchte Schriftsteller werden.

____

b) Er schreibt jeden Tag lange Texte in sein Tagebuch.

____

c) Er erlaubt mir aber nicht, diese Texte zu lesen.

____

d) Er sagt: „Mein Tagebuch geht keinen anderen Menschen etwas an.

____

e) Meinen kleinen Bruder auch nicht!“

____

5 **Gestalte den Text aus Übung 4 abwechslungsreicher, indem du die Satzanfänge variierst. Vorschläge dazu liefern dir die Umstellproben.**

____

____

____

____

____

____

____

____

____

____

____

3.2 Satzglieder unterscheiden

Subjekt

Das Satzglied, das mit ***wer?*** oder ***was?*** erfragt werden kann, ist das Subjekt (Satzgegenstand). Die Frage *wer?* stellst du bei Personen, die Frage *was?* bei Sachen, Stoffen oder Materialien: ***Felix*** *schreibt einen Aufsatz.* ***Die Suppe*** *ist lecker.*
Das Subjekt steht immer im Nominativ und kann aus einem oder mehreren Wortteilen bestehen, z. B.:

- Substantiv: **Kaffee** schmeckt köstlich.
- Substantiv mit Artikel: **Der Kaffee** ist viel zu stark.
- Substantiv mit Pronomen: **Dein Kaffee** ist der beste!
- Substantiv mit Artikel und Adjektiv: **Der heiße Kaffee** war ein Genuss.
- Substantiv mit Pronomen und Adjektiv: **Mein eiskalter Tee** erfrischt.

6 **Setze die Subjekte aus dem Wortspeicher ein. Wie fragst du nach dem Subjekt? Schreibe die Frage darunter.**

der Festplatz – die Schausteller – die Gastronomen – alle

a) Für die Kirmes bauen ______________________ schon früh am Morgen die große Achterbahn auf.

Frage: ______________________

b) Kurz darauf treffen ______________________ ein, um die Imbissbuden aufzustellen.

Frage: ______________________

c) ______________________ wurde in den vergangenen Wochen gemeinschaftlich von städtischen Mitarbeitern und Schaustellern vorbereitet.

Frage: ______________________

d) Jetzt warten ______________________ gespannt auf die ersten Gäste.

Frage: ______________________

5. KLASSE

7 **Unterstreiche das Subjekt.**

a) Die Fete beginnt um acht Uhr.

b) Niemals würde er sich bei der Lehrerin entschuldigen!

c) Hat sie es ihm gesagt?

d) Ab heute sind Ferien!

e) Die Schneeballschlacht hatte er gewonnen.

f) Der Schiedsrichter gratuliert dem Sieger.

g) Vor der Tür sitzt eine Katze.

8 **Bilde aus den Bestandteilen sinnvolle Sätze und unterstreiche das Subjekt. Schreibe in dein Heft.**

auf dem Schulbasar	Wir	unsere Waren	haben	angepriesen
Gestern Abend	Lennys Schwester	ich	traf	im Kino
die Sonne	Heute	nicht blicken lassen	den ganzen Tag	hat sich
vom Schulleiter	Die Schüler	werden	für ihren Einsatz	gelobt
ein voller Erfolg	Die Überraschungsparty	war
Nach dem Essen	ich	immer so müde	werde
überprüfte	Der Mechaniker	zunächst	die Bremsen
an	Den Motor	er	schaute	ebenfalls

Prädikat

Das Prädikat (Satzaussage) drückt aus, was das Subjekt tut oder was geschieht und wann etwas geschieht oder getan wird. Das Prädikat wird immer mit einem konjugierten Verb gebildet und ist das einzige Satzglied, das seine Stellung bei der Umstellprobe (↑ S. 84) nicht verändert: *Das Kind* ***spielt*** *im Garten. Im Garten* ***spielt*** *das Kind.*

- Das Prädikat stimmt in **Person und Numerus** mit dem Subjekt überein: *Till* ***geht*** *zum Training. Seine Freunde* ***gehen*** *mit.*
- Man unterscheidet das einfache oder **einteilige Prädikat** und das zusammengesetzte oder **mehrteilige Prädikat** (konjugiertes Hilfs- oder Modalverb + Vollverb im Infinitiv). Man spricht dann von einer **Verbklammer:** *Linus* ***kocht*** *eine Suppe. Linus* ***hat*** *eine Suppe* ***gekocht****.*

9 **Unterstreiche in den Sätzen das Prädikat. Ergänze dann in den unvollständigen Sätzen darunter das gleiche Wort mit der passenden Personalendung.**

a) Der Schulsprecher begrüßt die Festversammlung.

Die Lehrer und Lehrerinnen ________________ die Festversammlung.

b) Er hatte den Stift seines Banknachbarn genommen.

Heute wird er den Stift seines Banknachbarn ____________________.

c) Ist die Angelegenheit geklärt?

__________ ihr die Angelegenheit miteinander ________________?

d) Der Wecker hatte nicht geklingelt.

Ich hoffe, dass der Wecker morgen früh nicht ____________________.

10 **Bestimme Subjekt und Prädikat. Unterstreiche das Subjekt rot und das Prädikat blau.**

a) Herr Müller ist angekommen.

b) Kocht das Wasser?

c) Das Schiff wird kommen.

11 **Fülle die Lücken aus. Setze dazu ein Verb aus dem Wortspeicher in seiner richtigen Form ein.**

streichen – kommen – ankündigen – schimpfen – backen – haben – sehen – essen

a) Ich ________________ einen fürchterlichen Muskelkater.

b) ________________ du heute zum Karatetraining?

c) Habt ihr meine Schwester ________________?

d) Wir wollen am Nachmittag Plätzchen ________________.

e) Unser Deutschlehrer __________ vorhin ein Diktat für morgen ________________.

f) Meine Mutter ________________ jedes Mal über die Unordnung in meinem Zimmer.

g) Der Maler ______ gestern unsere Wände neu ______________.

h) Mittwochs ________________ sie immer zusammen in der Mensa.

12 **Verbinde jeweils ein Subjekt und ein Prädikat und bilde sinnvolle Sätze.**

Subjekte: der Bus – die Mannschaft – die Blumen – die Tür	**Prädikate:** aufgehen – blühen – kommen – trainieren

____

____

____

____

____

5. KLASSE

Objekt

Manche Sätze sind mit einem Subjekt und einem Prädikat vollständig. Es wird deutlich, wer handelt oder was geschieht: *Leon singt. Es regnet.* Andere Sätze verlangen jedoch weitere **Ergänzungen,** z. B. dazu, auf wen oder was sich ein Geschehen bezieht. Diese Ergänzungen nennt man Objekte: *Leon singt ein Lied.*

- Wie das Subjekt (↑ S. 87) können auch Objekte aus einem Wort oder aus mehreren Wörtern unterschiedlicher Wortarten bestehen: *Er singt ein schönes Lied.*
- Ein Satz kann **mehrere Objekte** haben: *Ich gebe ihm / ein Buch.*
- Es gibt Verben **(transitive Verben),** denen immer ein Objekt folgen muss: *Damian besucht seine Oma. Ich zeige euch die Stadt.*
- Es gibt vier verschiedene **Arten von Objekten:** Akkusativobjekt, Dativobjekt, Genitivobjekt und Präpositionalobjekt (↑ S. 92–100).

13 **Bilde jeweils aus einem Subjekt, einem Prädikat und einem Objekt einen sinnvollen Satz.**

Subjekte	Prädikate	Objekte
Die Chormitglieder	danke	ein Lied.
Der Lehrer	singen	nach Hause.
Ich	zubereiten	das Essen.
Wir	stellt	eine Frage.
Der Koch	gehen	dir.

Akkusativobjekt

Das Akkusativobjekt kannst du mit ***wen?*** oder ***was?*** erfragen. Alle Verben mit Akkusativobjekt sind transitiv (↑ S. 36): *Die Klasse begrüßt den Schulleiter. Wen begrüßt die Klasse? – Den Schulleiter.*

14 **Unterstreiche in jedem Satz das Akkusativobjekt und schreibe die Frage und die Antwort darunter.**

Beispiel: Joni hat den schweren Rucksack getragen. Wen oder was hat Joni getragen? Den schweren Rucksack.

a) Mein Opa hat einen kleinen Hund. Er heißt Knuddel.

____

b) Der ungewöhnliche Kläffer frisst am liebsten Nudeln mit Soße.

____

c) Mein Opa hat im Garten eine riesige Hundehütte gebaut.

____

d) Er hat ein Kissen und einen riesigen Plastikknochen hineingelegt.

____

e) Knuddel hat die Sachen aber in die Küche getragen.

____

f) Mein Opa hat sie immer wieder zurückgebracht.

____

g) Doch Knuddel blieb hartnäckig und hat seinen Schlafplatz verteidigt.

____

h) Mein Opa hat aufgegeben und die Hundehütte wieder abgebaut.

____

i) Nun haben beide einen Lieblingsplatz in der Küche.

____

15 **Ergänze die fehlenden Objekte.**

der schwere Rucksack – die Strafarbeit – der Hund – der Brief – die Wäsche – das Kind

a) Mein Nebensitzer hat ______________________________ bekommen.

b) Ich schreibe ______________________________.

c) Sie hat ______________________________ getragen.

d) Er bügelt ______________________________.

e) ______________________________ habe ich gestreichelt.

f) Sie küsst ______________________________

16 **Bestimme in den Sätzen aus Übung 15 die einzelnen Satzglieder.**

Beispiel: Wir sahen ein Wildschwein. ⟶ Wir: Subjekt, sahen: Prädikat, ein Wildschwein: Akkusativobjekt

____

____

____

____

____

____

____

____

____

____

____

Dativobjekt

Das Dativobjekt bezeichnet hauptsächlich Personen. Man kann es mit ***wem?*** erfragen: *Der Schulleiter gratuliert den Siegern. Wem gratuliert der Schulleiter? – Den Siegern.*

17 **Setze das Dativobjekt ein. Schreibe die Frage nach dem Objekt und die Antwort auf.**

a) der Radfahrer: Der Bus nahm ______________________ die Vorfahrt.

Frage: ______ nahm der Bus die Vorfahrt?

Antwort: ____

b) sein Besitzer: Der Kater Findus legte ______________________ eine Maus vor die Haustür.

Frage: ____

Antwort: ____

c) die Besucher: Die Schüler verkauften ______________________ beim Schulbasar ihre Arbeiten aus dem Kunstunterricht.

Frage: ____

Antwort: ____

d) der Schaffner: Die Schülerin zeigte ______________________ ihre Fahrkarte.

Frage: ____

Antwort: ____

e) ihre Freundin: Jette schenkt ______________________ das Surfbrett, das sie nicht mehr braucht.

Frage: ____

Antwort: ____

18 **Bestimme nun die Akkusativobjekte in den Sätzen aus Übung 17. Stelle die Frage danach und schreibe auch die Antwort auf.**

a) Frage: ____________________

Antwort: ____________________

b) Frage: ____________________

Antwort: ____________________

c) Frage: ____________________

Antwort: ____________________

d) Frage: ____________________

Antwort: ____________________

e) Frage: ____________________

Antwort: ____________________

19 **Hier haben sich ein paar Fehler eingeschlichen. Unterstreiche sie und schreibe die Sätze richtig auf.**

a) Die Kinder schenkten ihre Großmutter einen Geburtstagsstrauß.

____

b) Der Lehrer gibt dich die Kreide.

____

c) Die Passagiere sind eine große Katastrophe entgangen.

____

d) Wir helfen unsere alten Nachbarin beim Einkaufen.

____

e) Ich schreibe dich später.

____

Genitivobjekt

Das (seltene) Genitivobjekt beantwortet die Frage ***wessen?***. Nur wenige Verben erfordern ein Objekt im Genitiv: *Die Helfer nahmen sich der Verletzten an. Er bedarf unserer Hilfe.*

20 **Vervollständige die Sätze mit den etwas altmodisch klingenden Genitivobjekten aus dem Wortspeicher.**

3 seiner Beute – 5 des Daumenlutschens – 1 der Hilfe des Lehrers – 6 der Tasche der Passantin – 4 des Besuchs meines Freundes – 2 einer gepflegten Ausdrucksweise – 7 unserer neuen Mitschülerin

a) Die Schüler bedurften 1 ______________________________.

b) Er bediente sich 2 ______________________________.

c) Auf der Flucht entledigte sich der Dieb 3 ______________________________.

d) Ich harre 4 ______________________________.

e) Das Kind wurde 5 ______________________________ entwöhnt.

f) Der Dieb bemächtigte sich 6 ______________________________.

g) Wir nahmen uns 7 ______________________________ an.

21 **Vermeide in den Sätzen aus Übung 20 das Genitivobjekt, indem du andere Verben benutzt. Schreibe die Sätze vollständig auf.**

a) ______________________________

____

b) ______________________________

____

c) ______________________________

____

d) ______________________________

____

e) ______________________________

____

f) ______________________________

____

g) ______________________________

____

22 **Bestimme die Satzglieder (Subjekt: S, Prädikat: P, Akkusativobjekt: AO, Dativobjekt: DO, Genitivobjekt: GO).**

Beispiel: Rishy übernachtet bei Paul. ⟶ **S – P – DO**

a) Die Schüler schenken ihrem Lehrer einen neuen Füller.

____

b) Der Sanitäter nahm sich des verletzten Fußballers an.

____

c) Dem Kaninchen krault der Tierarzt seine langen Ohren.

____

d) Der Maler rühmte sich seiner Kreativität.

____

e) Dem Geiger klimpert der Pianist ein Liedchen vor.

____

f) Dem unzufriedenen Gast erteilt der Koch ein Hausverbot.

____

23 **Bestimme die Satzglieder. Schreibe die Bezeichnungen darunter. Verwende die Abkürzungen aus Übung 22.**

a) Der Lehrer diktiert den Schülern Übungsaufgaben.

______ ______ ______ ______

b) Viele Grüße sendet Ayaska.

______ ______ ______

c) Ich glaube dir.

______ ______ ______

d) Dem Lehrer schenkten die Schüler einen Kaktus.

______ ______ ______ ______

e) Herrn Müller überreichte der Moderator den Hauptgewinn.

______ ______ ______ ______

f) Verrieten die Mädchen den Jungen ihr Geheimnis?

______ ______ ______ ______

24 **Bestimme die Satzglieder. Stelle die Sätze einmal um und schreibe sie auf.**

Beispiel: Wir **(S)** glaubten **(P)** es **(AO)** ihm **(DO)**. Ihm glaubten wir es.

a) Der Lehrer (______) übergab (______) den Schülern (______) ihre Arbeiten (______).

____

____

b) Sie (______) gratulierte (______) mir (______).

____

____

25 **Bestimme die Satzglieder und schreibe die Abkürzungen aus Übung 22 in die Kästchen. Ergänze dann das fehlende Wort im richtigen Kasus.**

a) Bestimmter Artikel (der/die/das):

Alexander [ ] studiert [ ] ______ Fahrplan [ ] .

b) Possessivpronomen (mein/dein/sein/ihr/sein):

Hat [ ] jemand [ ] ______ Butterbrot [ ] vergessen [ ] ?

c) Demonstrativpronomen (dieser/diese/dieses):

______ Buch [ ] möchte [ ] ich [ ] haben [ ] !

d) Unbestimmter Artikel (einer/eine/ein):

Dieses Auto [ ] gehört [ ] ______

reichen Mann [ ] .

26 **Bestimme die Satzglieder und sortiere sie in die Tabelle ein.**

a) Der Lehrer empfahl den Schülern eine Fernsehsendung.
b) Die Blume schenke ich dir.
c) Den ersten Preis hat Millie Müller gewonnen.
d) „Gib mir das!“, bat er.

Subjekte	**Prädikate**	**Dativobjekte**	**Akkusativobjekte**

Präpositionalobjekt

Das Präpositionalobjekt (Objekt mit einer Präposition) kann man z. B. erfragen mit ***von wem?, auf was?, über was?.*** Das Fragewort kann die Präposition enthalten: *worauf?, wozu?, wofür?, wonach?: Der Schulleiter gratuliert zum ersten Preis. Wozu gratuliert der Schulleiter? – Zum ersten Preis. Wir rechnen fest mit seinem Besuch. Mit was/Womit rechnen wir fest? – Mit seinem Besuch.*

27 **Welche Präpositionen passen. Schreibe den Satz richtig auf.**

a) Ich informiere mich [an / über / auf] meine Reise nach Afrika.

____

____

b) Die Kinder freuen sich [mit / auf / in] die Ferien.

____

____

c) Die Mannschaften verstehen sich prächtig [über / unter / mit] ihren Gegnern.

____

____

d) Er wartet [auf / mit / über] seine Bücher.

____

____

28 **Wie fragst du nach den Objekten in Übung 27. Schreibe die Fragen und die Antworten auf.**

a) Frage: ______________________________

Antwort: ______________________________

b) Frage: ______________________________

Antwort: ______________________________

c) Frage: ______________________________

Antwort: ______________________________

d) Frage: ______________________________

Antwort: ______________________________

29 **Hier sind die Präpositionen verloren gegangen. Setze sie ein. Schreibe das Fragewort, mit dem du das Objekt erfragen kannst, dazu.**

a) Die Rechtsanwälte verklagten das Unternehmen ______ Schadensersatz.

Fragewort: ______________

b) Die Kinder beschenkten die Großmutter _____ einer Geburtstagstorte.

Fragewort: ______________

c) Die Kinder gratulieren dem Rektor ______ 20. Dienstjubiläum.

Fragewort: ______________

d) Der Teamleiter verfügt ______ eine gute Menschenkenntnis.

Fragewort: ______________

e) Er wartet ______ eine dringende Lieferung.

Fragewort: ______________

f) Er freute sich ______ seinen Urlaub.

Fragewort: ______________

Attribut

Attribute sind **Beifügungen zu Substantiven.** Sie erläutern die besonderen Merkmale von Personen oder Sachen und können vor oder hinter ihrem Bezugswort stehen. Ein Attribut ist kein selbstständiges Satzglied wie etwa ein Subjekt, Prädikat oder Objekt, sondern ein **Satzgliedteil.** Bei der Umstellprobe (↑ S. 84) bleibt das Attribut immer mit seinem Bezugswort verbunden. Es gibt verschiedene Formen des Attributs, z. B.:

- Adjektivattribute: Ich habe mir ein **spannendes** Buch gekauft.
- Genitivattribute: Die Verkäufer präsentieren die Neuheit **des Jahres.**
- präpositionale Attribute: Hier gibt es Pommes **mit Spezialsoße.**
- Pronomen: **Unser** Auto ist leider kaputt.
- Zahlwörter: **Zwei** Wochen lang waren wir im Landschulheim.
- Appositionen: Unser Rektor, **ein toller Typ,** hält gleich eine Rede.

30 **Um welche Form des Attributs handelt es sich bei den farbig hervorgehobenen Wörtern? Schreibe auf.**

a) Die Urlaubszeit ist die schönste Zeit des Jahres.

____

b) Die Urlaubszeit ist die schönste Zeit des Jahres.

____

c) Der Urlaub im Sommer ist der beste.

____

d) Mein Urlaub ist leider vorbei.

____

e) Der Urlaub, die schönste Zeit des Jahres, ist leider schon vorbei.

____

f) Vier Sommer lang haben wir die Ferien im Schwarzwald verbracht.

____

31 **Suche die Attribute in den folgenden Werbesprüchen heraus, unterstreiche sie und entscheide über die Art des Attributs.**

a) Brillante Farben ohne Nachtönen! ______________________

b) Voller Genuss bei halbem Preis! ______________________

c) Unser Bestes nur für Sie! ______________________

d) Die Sensation des Jahres! ______________________

e) Der beste Kaffee: stark, vollmundig, lecker! ______________________

f) Milchreis mit neuen Geschmacksrichtungen! ______________________

32 **Um welche Art von Attribut handelt es sich? Kreuze an.**

a) Lutz, mein bester Freund, hat zum Geburtstag ein Skateboard bekommen.

☐ präpositionales Attribut ☐ Adjektivattribut ☐ Apposition

b) In diese Schule dort bin ich als Kind gegangen.

☐ Genitivattribut ☐ Adverb als Attribut ☐ präpositionales Attribut

c) Das Haus meiner Großeltern wird verkauft.

☐ Genitivattribut ☐ Adjektivattribut ☐ Apposition

d) Wir machen dieses Jahr Ferien auf dem Bauernhof.

☐ Zahlwort ☐ Pronomen ☐ präpositionales Attribut

e) Die Eltern, stressgeplagte Mütter und Väter, genießen die Ruhe.

☐ Adjektivattribut ☐ Apposition ☐ Adverb als Attribut

f) Am Wochenende unternehmen wir einen kurzen Ausflug zum See.

☐ Genitivattribut ☐ Adjektivattribut ☐ Zahlwort

g) Der Bruder meiner Freundin sieht ihr sehr ähnlich.

☐ präpositionales Attribut ☐ Pronomen ☐ Genitivattribut

Adverbiale Bestimmung

Eine adverbiale Bestimmung (Adverbiale) ist ein Satzglied, das die Umstände eines Geschehens genauer bestimmt und auf Fragen wie ***wann?, wie lange?, wo?, wie?*** antwortet. Verschiedene Wortarten können als adverbiale Bestimmung vorkommen: **Adverbien** *(gern, heute)*, **Adjektive** *(schnell, durstig)*, **Präposition + Substantiv** *(im Wald, aus Freude)*. Man unterscheidet z. B.

- **adverbiale Bestimmung der Zeit** (Temporaladverbiale): Sie gibt Auskunft über den Zeitpunkt oder die Dauer eines Geschehens oder Sachverhalts und wird mit den Fragewörtern ***wann?, wie oft?, wie lange?, seit wann?*** erfragt: ***Nächste Woche*** *besuche ich dich.*
- **adverbiale Bestimmung des Ortes** (Lokaladverbiale): Sie sagt etwas aus über den Ort, die Richtung oder räumliche Ausdehnung und wird mit ***wo?, wohin?, woher?*** erfragt: *Sie kommt* ***aus Berlin.***
- **adverbiale Bestimmung des Grundes** (Kausaladverbiale): Sie gibt Auskunft über Grund oder Ursache und wird mit ***warum?, weshalb?, aus welchem Grund?*** erfragt: ***Wegen einer Verletzung*** *kann er nicht mitspielen.*
- **adverbiale Bestimmung der Art und Weise** (Modaladverbiale): Sie gibt Auskunft darüber, wie etwas geschieht oder wie jemand etwas tut, und wird erfragt mit ***wie?, auf welche Weise?, wie viel? wie sehr?:*** *Das Kind singt* ***schön.***

33 **Bestimme die adverbialen Bestimmungen. Schreibe *Zeit, Grund, Ort* oder *Art und Weise* in die Lücken.**

a) Gestern (______________) auf dem Sportplatz (______________) fing er aus Wut (______________) ganz laut (______________) an zu schreien.

b) Letzten Montag (______________) ist Janne an der Tafel (______________) vor Schreck (______________) kreidebleich (______________) zurückgewichen.

c) Jule hat auf dem Heimweg (______________) vor Freude (______________) laut (______________) gesungen.

34 **Bei den folgenden adverbialen Bestimmungen passt eine nicht dazu. Kreise sie ein.**

morgen	am Ferienende	schnell	vor der Tagesschau
nach dem Aufstehen	zur Herbstkirmes		

35 **Unterscheide die adverbialen Bestimmungen. Handelt es sich um eine adverbiale Bestimmung der Zeit (Z), des Ortes (O), des Grundes (G) oder der Art und Weise (AW)? Trage die Abkürzungen in die Lücken ein.**

a) Unermüdlich _____ spielten die beiden heute Morgen _____ in der Küche _____ Monopoly.

b) Gestern _____ habe ich aus Langeweile _____ in Omas Rätselheft _____ Kreuzworträtsel gelöst.

c) Die Mannschaft hat am vergangenen Samstag _____ in der Halle _____ aus Verärgerung _____ äußerst lustlos _____ gespielt.

36 **Welche Wortarten kommen hier als adverbiale Bestimmungen vor? Trage ein: Adjektiv, Adverb, Präposition mit Substantiv, Präposition mit Pronomen.**

a) Das Treffen fand auf dem Sportplatz statt. ____________________

b) Sein Verhalten war unglaublich. ____________________

c) An einem Samstag sollte die Premiere stattfinden. ____________________

d) Gestern gab er mir den geänderten Text. ____________________

e) Der Himmel ist tiefblau. ____________________

f) Ich verließ das Zelt nach ihm. ____________________

g) Wenn du den Reisepass suchst, er liegt hier! ____________________

37 **Bilde zwei Sätze, indem du wie in Übung 33 und 35 verschiedene adverbiale Bestimmungen verwendest.**

38 **Bilde zu jedem Adjektiv jeweils zwei Sätze. Verwende das Adjektiv zuerst als Attribut (↑ S. 102) und dann als adverbiale Bestimmung.**

a) entsetzt:

b) vorsichtig:

c) sanft:

d) wütend:

39 **Setze die Wendungen in die Lücken ein und entscheide, ob es sich um ein Attribut oder um eine adverbiale Bestimmung des Ortes handelt.**

1 auf dem riesigen Platz

2 aus den umliegenden Dörfern

3 im nahe gelegenen Großmarkt

4 aus dem Großmarkt

5 aus weit entfernten Ländern

6 auf dem Großmarkt

7 aus weit entfernten Ländern

a) Am Anfang des Markttages liefern die geschäftstüchtigen Händler ihre Waren 1 ______________________________
(______________________) an.

b) Viele Bauern 2 ______________________________
(______________________) bieten ihre eigene Ware an.

c) Die meisten kaufen aber 3 ______________________________
(______________________) noch Obst und Gemüse zu, um den Kunden ein breites Angebot machen zu können.

d) Die Waren 4 ______________________________
(______________________) kommen zum Teil 5 ______________________
______________________ (______________________).

e) 6 ______________________________
(______________________) werden Waren 7 ______________________
______________________ (______________________) angeboten.

Attribut, adverbiale Bestimmung und Präpositionalobjekt

Attribute, adverbiale Bestimmungen und Präpositionalobjekte sind manchmal schwer zu unterscheiden, weil sie im Satz die gleiche Form haben können. Deshalb ist es wichtig, wie sie erfragt werden:

- Bei der **adverbialen Bestimmung** (↑ S. 104) ist die Präposition in der Fragestellung vermeidbar: *Die Kinder spielen auf dem Spielplatz. Wo spielen sie? Auf dem Spielplatz.*
- Bei einem **Präpositionalobjekt** (↑ S. 100) braucht man eine Präposition: *Der Schulleiter gratuliert zum ersten Preis. Wozu gratuliert er? Zum ersten Preis.*
- **Attribute** erfragt man mit *welcher?, was für einer?: Der Reisebus mit der Jugendgruppe fährt auf der Autobahn. Welcher Reisebus? Der Reisebus mit der Jugendgruppe.*

40 **Unterstreiche in beiden Sätzen die adverbiale Bestimmung rot und das Präpositionalobjekt blau.**

a) Nach den Ferien gratulierte er seinem Freund zum Geburtstag.

b) Sie fragte an der Haltestelle nach der Abfahrtszeit.

41 **Bestimme die hervorgehobenen Satzglieder. Unterscheide zwischen adverbialen Bestimmungen, Attributen und präpositionalen Objekten.**

a) Der Goldschmied arbeitet mit viel Feingefühl an der Reparatur der Kette.

____

b) Mit seinem Kollegen hat er ein bahnbrechendes Lötverfahren entwickelt.

____

c) Der Kollege holt die Schachtel mit den notwendigen Materialien.

____

d) Durch die hervorragende Zusammenarbeit schafft das Team durchschnittlich zehn Reparaturen in weniger als drei Stunden.

____

42 **Präpositionalobjekt im Akkusativ oder Dativ? Adverbiale Bestimmung der Zeit, des Ortes oder der Art und Weise? Bestimme die farbig hervorgehobenen Bestandteile.**

a) Der Schornsteinfeger kümmert sich um den Kamin.

____

b) Die Gymnastikgruppe trainiert intensiv für den Wettkampf.

____

c) Sie flüchteten vor dem Krieg.

____

d) Der Schäferhund wacht über die Herde.

____

e) Ich empfehle dir dringend Nachhilfeunterricht.

____

f) Mein Vater hat sich auf den ersten Blick in meine Mutter verliebt.

____

g) Der Sportunterricht ist schon zweimal ausgefallen.

____

h) Anlässlich ihrer goldenen Hochzeit besuchen wir morgen die Großeltern.

____

i) Morgen trainieren wir in der Halle, weil es regnen soll.

____

4 Der Satz

4.1 Grundsätzliches

Aussagesatz

Je nach Sprechabsicht unterscheidet man Aussage-, Frage- und Aufforderungssätze. Der **Aussagesatz** ist die häufigste Satzart. Mit ihm wird ein Sachverhalt ausgesagt oder mitgeteilt. Die Personalform des Verbs steht an zweiter Satzgliedstelle und am Ende des Aussagesatzes steht ein **Punkt:** *Die Kinder* ***gehen*** *in die Schule***.**

1 **Schreibe den Text ab. Setze nach jedem vollständigen Satz einen Punkt. Schreibe in dein Übungsheft.**

GROBIAN GERHARDSEN IST SEIT ZWEI WOCHEN MEISTER IM OSTFRIESISCHEN DREIKAMPF GESTERN SCHEITERTE ER ABER AN DER VERBESSERUNG DES WELTREKORDS IN DER DISZIPLIN „TEEBEUTELWEIT-WURF“ NAHM ER EINEN TEEBEUTEL MIT DOPPELTER FÜLLUNG TROTZDEM GELANG IHM KEINE NEUE BESTMARKE DIE TAGE VORHER HATTE ES STARK GEREGNET AUS DIESEM GRUND ENDETE AUCH DIE ZWEITE DISZIPLIN KLÄGLICH BEIM GRABENWEITSPRUNG BLIEB DER STAB MITTEN IM GRABEN STECKEN GROBIAN RUTSCHTE IN DEN GRABEN ER WURDE DABEI VÖLLIG DURCHNÄSST DAS TORFSTECHEN ALS DRITTE DISZIPLIN MUSSTE KOMPLETT AUSFALLEN ES WAR KEIN SPATEN ZU FINDEN

Fragesatz

Der Fragesatz wird verwendet, wenn man etwas erfahren will, was man noch nicht weiß. Er wird mit einem **Fragezeichen** abgeschlossen.
Man unterscheidet Entscheidungsfragen und Ergänzungsfragen:

- Bei der **Entscheidungsfrage** (Wortfrage) steht die Personalform des Verbs an erster Stelle. Die Antwort lautet entweder *Ja* oder *Nein: Kommst du mit ins Kino? Ja, gerne!*
- Die **Ergänzungsfrage** wird durch ein Fragewort eingeleitet, z. B. *wer?, wo?, wann?, was?*. Die Personalform des Verbs steht an zweiter Stelle. Die Antwort besteht aus mehreren Wörtern oder aus einem ganzen Satz: *Wo gehst du hin? Ins Kino. / Ich gehe ins Kino.*

2 **Entscheidungs- oder Ergänzungsfrage? Ordne die Sätze zu.**

a) Entschuldigen Sie, können Sie bitte die Polizei rufen?

b) Haben Sie den Notdienst schon verständigt?

c) Wann wird der Krankenwagen hier sein?

d) Wie viele Verletzte gibt es?

e) Gibt es Zeugen für den Unfall?

f) Wie können wir die Zeugen kontaktieren?

g) Können wir jetzt weiterfahren?

h) Wann werden wir endlich zu Hause sein?

Entscheidungsfrage	Ergänzungsfrage
a)	

Aufforderungssatz

Der Aufforderungssatz richtet sich an eine andere Person und kann eine Bitte, einen Befehl, einen Vorschlag oder eine Forderung zum Ausdruck bringen. Die Personalform des Verbs steht im Imperativ (↑ S. 18) an erster Stelle im Satz. Aufforderungssätze schließen in der Regel mit einem **Ausrufezeichen:** *Hör doch auf! Kommt essen!*

3 **Punkt, Ausrufezeichen, Fragezeichen: Setze die fehlenden Satzschlusszeichen ein.**

Gullivers Reisen nach Liliput (nach Jonathan Swift)

Das Schiff fuhr nach Ostindien und ich hatte als Arzt nicht viel zu tun _ Doch eines Nachts gerieten wir in einen fürchterlichen Sturm _ Welch ein Unwetter zog über uns her _ Nach mehreren Tagen Kampf gegen die Naturgewalten zerbrach die „Antilope“ und versank _ Was sollte jetzt aus mir werden _ Ich trieb ohne Hoffnung auf Rettung allein auf den Wellen durch die dunkle Nacht _ Da, plötzlich fühlte ich Grund unter meinen Füßen _ Wo war ich _ Ich stolperte durch den nassen Sand und betrat festen Boden _ Nirgends sah ich Zeichen menschlichen Lebens _ Nun, fürs Erste war ich gerettet _ Beruhigt schlief ich ein _

Am nächsten Morgen wollte ich mich wohlig in der warmen Sonne räkeln _ Doch was war das _ Ich konnte mich nicht bewegen _ Jetzt wollte ich mich aufsetzen _ Es misslang _ Noch nicht einmal den Kopf konnte ich bewegen _ Was war in der Nacht geschehen _ Mit langsamen Bewegungen versuchte ich, den Kopf aus seiner seltsamen Starre zu befreien _ Nach Verlust mehrerer Haare konnte ich den Kopf wenigstens so weit bewegen, dass ich an mir hinunterschauen konnte _ Ich war von Kopf bis Fuß gefesselt _ Doch wer hatte dieses Kunststück vollbracht _

4.2 Satzreihe und Satzgefüge

Hauptsatz und Nebensatz

Haupt- und Nebensätze haben Merkmale, durch die du sie voneinander unterscheiden kannst:

- Der **Hauptsatz** ist ein selbstständiger Satz, der **allein stehen** kann und von keinem anderen Satz abhängt. Die Personalform des Verbs steht an zweiter Satzgliedstelle. Jeder einfache Aussagesatz ist ein Hauptsatz. Er besteht mindestens aus einem Subjekt und einem Prädikat: *Sie liest.* Der Hauptsatz kann durch Satzglieder erweitert werden: *Sie liest gerade (adverbiale Bestimmung der Zeit) ein Buch (Objekt).*
- Ein **Nebensatz** kann nicht für sich allein stehen, sondern hängt von einem übergeordneten Satz ab. Die Personalform des Verbs steht am Ende des Nebensatzes. Nebensätze können dem Hauptsatz nachgestellt, vorangestellt oder in ihn eingeschlossen sein. Zwischen Hauptsatz und Nebensatz steht ein **Komma:** *Ich gehe ins Schwimmbad, weil es so heiß ist. Weil es so heiß ist, gehe ich ins Schwimmbad. Ich gehe, weil es so heiß ist, ins Schwimmbad.*

Es gibt viele verschiedene Arten von Nebensätzen. Sie lassen sich einteilen nach der Verknüpfung des Nebensatzes mit dem Hauptsatz (↑ S. 124 ff.) und nach den verschiedenen Satzteilen, die sie vertreten (↑ S. 135 ff.).

4 **Verlängere die Sätze und unterstreiche das Prädikat.**

a) Der Lehrer schreibt ______________________________.

b) Die Schüler stöhnen ______________________________.

c) Die Schulzeit am Morgen dauert ______________________________.

d) Mein Klassenkamerad neben mir redet ______________________________.

e) Das Klingelzeichen ertönt ______________________________.

f) Der Pausenhof füllt sich ______________________________.

5 **Unterstreiche die Prädikate. Bestimme die Haupt- und Nebensätze.**

a) Wollt ihr am Wochenende ins Kino oder lieber in den Klub?

b) Maxi will nicht mitkommen, er weiß nicht, ob er den Film schon gesehen hat.

c) Paula hat keine Ahnung, wo die Kinokarten geblieben sind.

d) Ich rate euch, sucht diese Karten endlich!

e) Habt ihr sie jetzt gefunden oder seid ihr immer noch bei der Suche?

f) Es ist aber sehr fraglich, ob wir jetzt noch rechtzeitig ins Kino kommen.

6 **Unterstreiche in den Hauptsätzen die Personalform des Verbs. Bilde dann aus den Hauptsätzen und den Informationen in Klammern zusammengesetzte Sätze. Unterstreiche auch in den Nebensätzen die Personalform des Verbs.**

a) Ich bin gespannt auf das Marktplatzfest. (weil, Überraschung angekündigt)

____

____

b) Meine Cousine kommt auch. (obwohl, Nachhilfeunterricht)

____

____

c) Sogar Hannes hat zugesagt. (als, ihn eingeladen)

____

____

d) Hoffentlich wird es ein schönes Fest. (damit, Spaß haben)

____

____

7 **Lies den Text und unterstreiche die Nebensätze. Achtung: Die Kommas fehlen noch (↑ Übung 8).**

Weil ein Orkan über der Nordsee tobte gerieten einige Schiffe in Seenot. Der Sturm knickte etliche Bäume um während er über das Festland fegte. Da im Rundfunk vor dem Sturm gewarnt worden war wagten sich nur wenige Menschen ins Freie. Weil Bäume auf Autos stürzten entstand ein hoher Sachschaden. Nachdem der Sturm nachgelassen hatte konnte man erst das ganze Ausmaß des Schadens der sehr beträchtlich war abschätzen. Die Geschädigten die hauptsächlich direkt an der Küste wohnen können sich glücklich schätzen wenn sie eine Sturmversicherung abgeschlossen haben.

8 **Schreibe den Text aus Übung 7 ab und setze dabei die fehlenden Kommas ein.**

Satzreihe und Satzgefüge

- Wenn zwei gleichrangige Sätze aneinandergereiht werden (z. B. zwei Hauptsätze), spricht man von einer **Satzreihe.** Zwischen den Sätzen steht ein Komma *(Heute scheint die Sonne, morgen wird es regnen.)* oder ein Komma und eine Konjunktion *(Morgen kann ich ausschlafen, denn es sind Ferien.).* Bei den nebenordnenden Konjunktionen *und* oder *oder* kann das Komma entfallen: *Kommst du mit(,) oder hast du etwas anderes vor. Heute scheint die Sonne(,) und morgen wird es regnen.*
- Wenn ein Nebensatz und ein Hauptsatz miteinander verbunden werden, spricht man von einem **Satzgefüge.** Sie werden oft mit einer unterordnenden Konjunktion (↑ S. 64) oder einem Relativpronomen (↑ S. 60) verknüpft; zwischen Nebensatz und übergeordnetem Satz steht immer ein Komma: *Gestern gab es plötzlich ein Gewitter, als wir im Schwimmbad waren. Dicke Wolken zogen auf, die alles schlagartig verdunkelten.* Von einem Hauptsatz können auch mehrere Nebensätze abhängen: *Das Buch, das ich mir gestern gekauft habe, habe ich sofort gelesen, weil es so spannend war.*
- Der Nebensatz im Satzgefüge spielt oft die gleiche Rolle im Satz wie eine **adverbiale Bestimmung** (↑ S. 104): *Wegen wolkenbruchartiger Regenfälle verschoben wir die Abfahrt. Weil es wolkenbruchartig regnete, verschoben wir die Abfahrt.*

9 **Unterscheide Satzreihe und Satzgefüge. Notiere in den Kästchen für Satzreihe ein „SR“ und für Satzgefüge ein „SG“.**

a) Ich bleibe heute bei Uli, weil wir für unsere Theateraufführung noch Text lernen müssen. ☐

b) Uli bekommt eine Nebenrolle, und ich bin sein Ersatzmann. ☐

c) Unsere Freunde wollen die Technik machen, aber sie haben bis jetzt noch nichts zu tun. ☐

d) Laura bekommt die weibliche Hauptrolle, David soll den Liebhaber spielen. ☐

e) David hätte lieber eine andere Rolle bekommen, aber unser Lehrer hat das nicht zugelassen. ☐

f) Er hat, weil wir den Text noch nicht gut können, kurzerhand die Aufführung verschoben. ☐

10 **Bei welchem Satz aus Übung 9 kann das Komma, das die Teilsätze trennt, auch weggelassen werden?**

Bei Satz ____ kann das Komma auch weggelassen werden.

11 **Unterstreiche in den folgenden Sätzen die adverbialen Bestimmungen und formuliere sie zu einem Nebensatz um.**

a) Nach dem überraschenden Erfolg unserer Inszenierung beschlossen wir weitere Aufführungen des Stücks am nächsten Wochenende.

____

____

b) Aufgrund mehrerer Krankheitsfälle mussten einige Rollen umbesetzt werden.

____

____

c) Unser Lehrer ließ uns das Stück wegen der Einladung zu einem Schul theaterfestival noch mehrfach intensiv proben.

____

____

d) Mit spontanen Bravorufen, begeisterten Pfiffen und durch lang anhaltenden Applaus zeigten die Schülerinnen und Schüler im Publikum ihre große Begeisterung.

____

____

Satzreihen verbunden mit Adverbien

Auch durch Adverbien (↑ S. 66) können Sätze miteinander verbunden werden. Durch sie werden die Handlungen oder Tatsachen, von denen in beiden Sätzen die Rede ist, näher aufeinander bezogen. Solche **Bindeadverbien** sind z. B. *deshalb, daher, deswegen*. Vor ihnen steht immer ein Komma. Das **Verhältnis** kann z. B. zeitlich (temporal), begründend (kausal), gegensätzlich (adversativ), örtlich (lokal) oder vom Zweck (final) bestimmt sein: *Wir gehen morgen wandern,* ***deshalb*** *solltest du feste Schuhe mitbringen.*

12 **Verbinde die zusammengehörenden Sätze mit einem passenden Adverb und schreibe sie auf. Ergänze, um welches Verhältnis es sich handelt.**

dadurch – deshalb – deswegen – trotzdem

Die Herbstferien sind am Samstag zu Ende.	Unsere letzte Woche im Ferienlager ist nun angebrochen.

___

___

Gestern Abend haben wir bis spät in die Nacht am Lagerfeuer gesessen.	Heute Morgen haben wir alle lange geschlafen.

___

___

Leider hat heute Morgen Maries Wecker nicht geklingelt.	Sie hat verschlafen und hat es nicht geschafft, beim Bäcker Brötchen zu holen.

___

___

Ich habe Spaß im Ferienlager.	Ich freue mich auch auf mein Zuhause.

___

___

7. KLASSE

Die Zeitenfolge im Satzgefüge

Die Zeitform des Verbs im Hauptsatz gibt an, ob eine Handlung in der Gegenwart, in der Vergangenheit oder in der Zukunft stattfindet. Am Verb im Nebensatz kann man ablesen, in welcher zeitlichen Relation der Nebensatz zum Hauptsatz steht. Es gibt drei Möglichkeiten:

- **Gleichzeitigkeit:** *Noch während die Zuschauer jubeln, zückt der Schiedsrichter die rote Karte.*
- **Vorzeitigkeit:** *Ich kam zu spät zum Klavierunterricht, weil ich meine Noten vergessen hatte.*
- **Nachzeitigkeit:** *Ich werde das Buch zu Ende lesen, bevor die Ferien beginnen.*

13 **Bestimme, in welcher zeitlichen Relation der Nebensatz zum Hauptsatz steht.**

a) Die Schauspieler verbeugen sich, während die Zuschauer applaudieren.

____

b) Es regnete so heftig, dass es zu Überschwemmungen kam.

____

c) Wir haben herausgefunden, dass er gelogen hat.

____

d) Ich werde das Projekt zu Ende bringen, bevor wir in den Urlaub fahren.

____

e) Ich öffnete die Tür, als er aus dem Auto stieg.

____

f) Wir werden uns morgen schon treffen, wenn ich heute die Zusage für die Reise bekomme.

____

g) In der Klassenarbeit werden wir sehen, ob wir uns gut vorbereitet haben.

____

Komplexe Satzgefüge

Beachte bei Satzgefügen (↑ auch S. 116–119) grundsätzlich Folgendes:

- Nebensätze sind Hauptsätzen immer untergeordnet.
- Sie können innerhalb des Satzgefüges **an unterschiedlichen Stellen** stehen: vor oder nach dem Hauptsatz oder in ihn eingeschoben.
- Von einem Hauptsatz können **mehrere Nebensätze** abhängen.
- Wenn ein Satz einem anderen untergeordnet ist, wird er am Satzanfang und Satzende durch **Kommas** abgetrennt. Bildet sein Schluss das Ende des Satzgefüges, fällt das Komma zugunsten des Satzschlusszeichens weg.
- Von einem Nebensatz (Nebensatz 1. Grades), der sich auf den Hauptsatz bezieht, kann ein weiterer Nebensatz (2. Grades) abhängen und von diesem wiederum ein weiterer (3. Grades) usw.: *Das Kino war bereits voll (Hauptsatz), sodass alle Leute (Nebensatz 1. Grades, Teil I), die noch draußen warteten (Nebensatz 2. Grades), keinen Platz mehr bekamen (Nebensatz 1. Grades, Teil II).*

14 **Bilde Satzgefüge, indem du zu jedem Hauptsatz des Witzes mindestens zwei Nebensätze findest. Schreibe deinen erweiterten Witz auf.**

Theo schleppt beim Umzug in der Schule einen schweren Schrank die Treppe hinauf. Da sagt der Lehrer zu Theo: „Ich habe doch ausdrücklich gesagt, dass Ben und Max dir bei dieser schweren Arbeit helfen sollen.“ Darauf antwortet Theo: „Na, das tun sie doch auch. Sie sitzen beide im Schrank und halten die Ordner fest, damit sie nicht rausfallen.“

15 **Stelle die Sätze zweimal um, sodass der Nebensatz jeweils an einer anderen Stelle steht.**

a) Ich kam zu spät, weil ich noch Hausaufgaben machen musste.

b) Als ich mit meiner Mutter beim Mittagessen saß, klingelte es an der Tür.

16 **Verbinde die Teile zu zwei ganzen Sätzen. Unterstreiche die Hauptsätze.**

Er verpasste den Zug,

den du mir geschenkt hast,

weil er so schön war.

sodass er mit dem Rad fahren musste,

weil er es seit Wochen nicht mehr gebraucht hatte.

Den Pulli,

das noch im Keller stand,

habe ich sofort angezogen,

17 **Unterstreiche und beschrifte im folgenden Satz die Nebensätze (2. Grades bis 5. Grades) mit verschiedenen Farben. Der Satzbauplan unten hilft dir dabei.**

Am Fuße der Alpen bei Locarno im oberen Italien befand sich ein einem
HS
Marchese gehöriges Schloss, das man jetzt, wenn man vom St. Gotthard
NS 1
kommt, in Schutt und Trümmern liegen sieht: ein Schloss mit hohen und
HS
weitläufigen Zimmern, in deren einem einst auf Stroh, das man ihr unterschüttete, eine alte kranke Frau, die sich bettelnd vor der Tür eingefunden hatte, von der Hausfrau aus Mitleiden gebettet worden war.

(Aus: Heinrich von Kleist: Das Bettelweib von Locarno, 1810)

HS, NS NS , NS , NS :HS, NS NS , NS , NS NS , NS , NS .

18 **Bestimme die Haupt- und Nebensätze, indem du sie unterstreichst und beschriftest. Ergänze alle Kommas und erstelle einen Satzbauplan.**

Der Marchese der bei der Rückkehr von der Jagd zufällig in das Zimmer trat

wo er seine Büchse abzusetzen pflegte befahl der Frau unwillig aus dem

Winkel in welchem sie lag aufzustehn und sich hinter den Ofen zu verfügen.

Satzbauplan

Tipp: Der Hauptsatz wird unterbrochen durch einen Relativsatz, der durch einen untergeordneten Lokalsatz ergänzt wird. An den Hauptsatz angehängt ist ein erweiterter Infinitiv mit *zu*, der durch einen Relativsatz unterbrochen ist.

4.3 Nebensätze nach der Art ihrer Verknüpfung

Relativsätze

Relativsätze sind Nebensätze, die durch ein Relativpronomen (z. B. *der, die, das* oder *welcher, welche, welches*) eingeleitet werden. Sie werden immer mit Komma vom übergeordneten Satz abgetrennt.

- Das **Relativpronomen** bezieht sich auf ein Wort im Hauptsatz und stimmt in Numerus und Genus mit diesem Bezugswort überein: *Ich kenne den **Mann, der** dort an der Kreuzung steht.*
- Vor dem Relativpronomen kann eine **Präposition** stehen: *Ich zeige dir das Haus**, in dem** ich aufgewachsen bin.*
- Relativsätze nehmen in Hinsicht auf das Bezugswort die Stelle eines **Attributs** ein: *Die Hunde,* die bellen, *beißen nicht. Die **bellenden** Hunde beißen nicht.*

19 **Bilde Satzgefüge mit Relativsätzen.**

Beispiel: Meine Schwester strickt gerne. Sie hat mir einen dicken Pulli geschenkt. ⟶ Meine Schwester, die gerne strickt, hat mir einen dicken Pulli geschenkt.

a) Unser Haus sieht aus wie neu. Es wurde letzte Woche gestrichen.

____

____

b) Die coolen Sneakers waren teuer. Ich habe sie mir gestern gekauft.

____

____

c) Das Haus der Geschichte ist ein Museum. Es informiert über die Geschichte der Bundesrepublik Deutschland.

____

____

20 **Hier fehlen einige Relativpronomen und einige Kommas. Lies den Text genau und ergänze sie.**

der die das

Eine Schulfreundin ___________ ich schon seit der ersten Klasse kenne,

der die das

hat einen jüngeren Bruder ___________ immer versucht, uns zu ärgern.

der die das

Gestern hat er in meine Schultasche ___________ auf dem Flur stand,

eine matschige Tomate gesteckt.

der die das

Diese Tomate, von ___________ sich teilweise schon die Haut gelöst

der die das

hatte, hat mein neues Mäppchen ___________ ich gerade zum Geburtstag bekommen hatte, verschmutzt.

der die das

Meine Freundin hat noch einen Bruder ___________ älter ist.

der die das

Der Große hat dem Kleinen ___________ auch ihn schon öfter geärgert hat, ordentlich seine Meinung gesagt.

der die das

Der Kleine ___________ sich aber nichts sagen lässt, ist sofort zu seiner

der die das

Mutter gerannt ___________ ihn meistens in Schutz nimmt.

der die das

Dieses Mal hat sie dem Kleinen ___________ damit überhaupt nicht gerechnet hatte, aber eine „Strafe" gegeben. Er muss mir mein Mäppchen

der die das

___________ nicht besonders teuer war, von seinem Taschengeld ersetzen.

21 **Bearbeite die folgenden Sätze. Setze die fehlenden Kommas und unterstreiche die Relativsätze und die Attribute mit unterschiedlichen Farben.**

a) Ein Mann geht über eine Kreuzung die stark befahren ist.

b) Josie die heute Geburtstag feiert erhält viele sorgfältig ausgesuchte Geschenke.

c) Der Schreibtischstuhl den ich mir gestern gekauft habe gefällt mir sehr gut.

d) Das Foto meiner Tochter das an der Wand die weiß gestrichen ist hängt erinnert mich an meine Großmutter.

e) Die Vase die auf dem Klavier steht hat einen Sprung.

f) Der gefährliche Wolf verfolgt ein Schaf das angstvoll flieht und das wahrscheinlich keine Chance hat.

g) Der Brief meines Bruders den ich schon lange erwartet hatte kam heute endlich bei mir an.

h) Der grün gestrichene Zaun muss dringend erneuert werden.

i) Die Holzpuppe die einen blau geringelten Pullover trägt hängt von der Decke herunter.

j) Bei eine Hauptstraße kreuzenden Wegen muss man sehr vorsichtig sein.

k) Der üppig blühende Trompetenbaum der in der Gartenecke steht gefällt mir sehr.

l) Die Tageszeitung die wir abonniert haben ist heute nicht gekommen.

m) Die heiser krächzende vor meinem Fenster sitzende Krähe geht mir auf die Nerven.

n) Mein Freund Henry liebt rote stachellose hochstämmige und pilzresistente Rosen.

Konjunktionalsätze

Konjunktionalsätze sind Nebensätze, die durch eine unterordnende Konjunktion *(dass, damit, obwohl, während, wo, wohin, wenn, als, sobald, weil, indem ...)* eingeleitet werden.

- Die **Konjunktionen** geben logische Beziehungen und Verhältnisse zwischen den Aussagen von Haupt- und Nebensatz an.
- Konjunktionalsätze können dem Hauptsatz vor- oder nachgestellt oder in ihn eingeschoben sein und werden mit einem Komma von ihm abgetrennt: *Ich gehe gern bei Wind spazieren, weil ich den Wind sehr mag. Weil ich den Wind sehr mag, gehe ich gerne bei Wind spazieren. Ich gehe, weil ich den Wind sehr mag, gerne bei Wind spazieren.*

22 **Bilde jeweils aus den beiden Hauptsätzen einen Hauptsatz mit einem Nebensatz. Verwende dazu die vorangestellten Konjunktionen und denke an die Kommas.**

a) wohin: Ich habe keine Ahnung. Der Schatz ist verschwunden.

b) während: Bennet geht gerne spazieren. Es regnet gleichzeitig.

c) indem: Wir bereiten uns gut auf das Konzert vor. Wir üben jeden Tag.

d) weil: Ich gehe gerne bei Regen spazieren. Ich mag den Regen sehr.

e) wenn: Auch meine Freundin Enya spaziert gerne im Regen. Die Temperaturen sind richtig hoch.

f) sodass: Ich werde heute nicht mehr fertig werden. Ich bin auf die Arbeit nicht gut vorbereitet.

g) damit: Ich werde die halbe Nacht durcharbeiten. Ich bin auf die Arbeit perfekt vorbereitet.

____

____

h) obwohl: Wegen des starken Regens sind die Bäche übergelaufen. Unser Keller ist trocken geblieben.

____

____

23 **Formuliere die markierten Stellen in Konjunktionalsätze um und schreibe die Sätze vollständig auf.**

a) Trotz des guten Wetters hockt Heinrich in seinem Zimmer. ____________

____

b) Bei Sonnenaufgang war es heute genau fünf Uhr. ____________

____

c) Wegen Überfüllung ist die Freibadkasse geschlossen. ____________

____

d) Aus Freude am Angeln sitzt Lutz jedes Wochenende am Baggersee. ____________

____

e) Beim Warmlaufen zum Fußballspiel verstauchte sich Henry den rechten Fuß. ____________

____

f) Trotz des Einbruchs der Dämmerung spielen wir weiter. ____________

____

Indirekte Fragesätze

Wenn man wiedergeben will, was ein anderer gefragt hat, verwandelt man den Fragesatz in einen indirekten Fragesatz. Dieser kann eine Entscheidungsfrage oder eine Ergänzungsfrage sein (↑ S. 111):

- Die **indirekte Entscheidungsfrage** wird mit der Konjunktion *ob* eingeleitet: *Hanna möchte wissen, ob der Zug heute Verspätung hat.*
- Die **indirekte Ergänzungsfrage** wird durch das gleiche Fragepronomen eingeleitet wie der direkte Fragesatz, z. B. *was?, wann?, wer?, warum?*: *Hanna möchte wissen, wo ich gestern war. („Wo warst du gestern?“)*
- Indirekte Fragesätze werden immer mit Komma vom übergeordneten Satz getrennt. Am Ende steht ein Punkt.

24 **Wandle die direkten Fragesätze a) und b) in indirekte um und bilde aus den Sätzen c) und d) Satzgefüge mit indirekten Fragen.**

a) Lehrerin: „Welcher Berg ist der höchste?“

Die Lehrerin möchte wissen, ______________________________

____

Schüler: „Meinen Sie den höchsten Berg der Welt oder den höchsten Berg in Europa?“ ______________________________

____

b) Herr Müller: „Fährt heute noch ein Zug nach Hannover?“ ____________

____

Frau Müller: „Wann fährt der Zug ab und was kostet die Fahrkarte?“

____

c) Die Lehrerin fragt nach dem längsten Fluss in Europa. ____________

____

d) Frau Müller erkundigt sich nach der Dauer der Bahnfahrt. ____________

____

Infinitivsätze

Den erweiterten Infinitiv mit *zu* fasst man als verkürzten Nebensatz auf, da er an die Stelle eines vollständigen Nebensatzes treten kann.

- Infinitivsätze müssen nur mit Komma(s) abgetrennt werden, wenn die Erweiterung eingeleitet wird durch *um, ohne, statt, anstatt, außer* und *als*, wenn sie durch ein hinweisendes Wort angekündigt werden oder wenn sie durch einen Rückverweis wieder aufgenommen werden: ***Um** zu segeln, braucht man ein Segelboot. Ich freue mich **darüber,** heute hier zu sein. Fehler zu machen**, das** ist keine Schande.*
- Der Infinitivsatz ist häufig die kürzere und elegantere Form der Formulierung. *Es ist nicht erlaubt, dass im Bus Eis gegessen wird. → Es ist nicht erlaubt (,) im Bus Eis zu essen.*

25 **Unterstreiche die Nebensätze.**

a) Wir empfehlen dir sehr, dass du auch einen einfachen Infinitiv durch ein Komma abtrennst.

b) Die Abtrennung des Infinitivs durch ein Komma ist sinnvoll, damit die Satzstruktur deutlicher gemacht wird.

c) Aber die Rechtschreibregeln erlauben es, dass der einfache Infinitiv nicht durch Komma abgetrennt wird.

d) Es hat aber keinen Sinn, dass man sich darüber streitet, denn die Rechtschreibkommission hat die Regelung so beschlossen.

e) Es ist also jedem freigestellt, ob er bei einfachem Infinitiv ein Komma setzt oder nicht.

26 **Forme die Nebensätze aus Übung 25 in Infinitivsätze um. Schreibe die Sätze vollständig auf.**

a) ______________________________

____

b) ______________________________

____

c) ______________________________

____

d) ______________________________

____

e) ______________________________

____

27 **Unterstreiche in den folgenden Sätzen die erweiterten Infinitive und setze die fehlenden Kommas.**

a) Es macht unserem Hund sichtlich Freude jedem geworfenen Stock hinterherzulaufen.

b) Der Kellner balanciert das Tablett ohne etwas zu verschütten die steile Treppe hinauf.

c) Man sollte stets bemüht sein seine Leistungen in der Schule zu verbessern das sage ich dir als dein Freund.

d) Deinem Plan mit dem Fahrrad quer durch Europa zu fahren kann ich nur widersprechen.

e) Einfach die Schule zu schwänzen dazu hast du kein Recht.

f) Deinen Grundsatz bei Klassenarbeiten niemals zu mogeln kann ich nur rühmen.

g) Ich habe darauf gewartet die Sonne aufgehen zu sehen.

h) Immer die richtige Entscheidung zu treffen das ist gar nicht so einfach.

i) Lotta geht in den Keller um frische Marmelade zu holen.

Partizipialsätze

Mit dem Partizip Präsens *(rennend, essend, lernend)* oder dem Partizip Perfekt *(gerannt, gegessen, gelaufen)* kann man Partizipialsätze bilden. Die erweiterte Partizipialkonstruktion fasst man als verkürzten Nebensatz auf, da er an die Stelle eines vollständigen Nebensatzes treten kann.

- Der Partizipialsatz bezieht sich auf das Subjekt des Hauptsatzes.
- Meistens erweitert man das Partizip.
- Grammatisch behandelt man den Partizipialsatz wie den Infinitivsatz (↑ S. 130). Er kann, muss aber nicht durch Komma abgetrennt werden. Auch seine Leistung ist ähnlich: Häufig stellt er die elegantere Formulierung dar.
  Konjunktionalsatz: *Während sie einen Tee trinkt, erledigt Janina ihre Hausaufgaben.* → Partizipialsatz: *Einen Tee trinkend (,) erledigt Janina ihre Hausaufgaben.*

28 **Unterstreiche die Konjunktionalsätze (↑ S. 127) und forme sie in Partizipialsätze um.**

a) Als wir am Meer angekommen waren, nahmen wir sofort ein Bad.

____

b) Während er nach allen Seiten aufmerksam den Strand beobachtete, kam der Bademeister auf uns zu. ______________________________

____

c) Indem er energisch den Kopf schüttelte, machte er uns deutlich, dass er mit unserem Bad nicht einverstanden war. ______________________________

____

d) Während er aus vollem Halse schimpfte, kam er schnell auf uns zu.

____

e) Als wir aus dem Wasser gekommen waren, sahen wir die Tafel mit den Badezeiten. ______________________________

____

29 **Bilde aus den Bestandteilen Partizipialsätze und schreibe sie auf.**

Vorsichtig nach allen Seiten lauschend

machten wir es uns erst einmal gemütlich

hatte Emil das Geld auch schon wieder ausgegeben

läuft das Reh auf die Lichtung

Gerade erst im Lotto gewonnen

Das Mittagessen aufwärmend

In der Ferienwohnung angekommen

bäckt Michel auch noch einen Kuchen

30 **Forme die Partizipialsätze aus Übung 29 in Konjunktionalsätze um.**

31 **Formuliere zuerst Partizipialsätze und wandle sie dann in Konjunktionalsätze um.**

Beispiel: Frau Klein schüttelt den Kopf. Sie hat kein Verständnis für das laute Geschrei.
⟶ Frau Klein, kein Verständnis für das laute Geschrei habend, schüttelt den Kopf.
⟶ Frau Klein schüttelt den Kopf, da sie kein Verständnis für das laute Geschrei hat.

a) Anna betritt die Klasse. Sie trägt einen geleerten Papierkorb.

---

b) Der Lehrer kommt in das Lehrerzimmer. Er lacht noch über einen Witz.

---

32 **Forme in Partizipialsätze um.**

a) Während er aufgeregt bellt, kommt uns unser Hund entgegengerannt.

---

b) Er zeigt seine Freude, indem er kräftig mit dem Schwanz wedelt.

---

c) Indem er erwartungsvoll jault, macht er deutlich, dass er noch einmal loslaufen möchte.

4.4 Nebensätze nach der Art ihrer Funktion

Subjektsatz und Objektsatz

Wenn man Nebensätze hinsichtlich ihrer Funktion unterscheidet, spricht man von Gliedsätzen. Gliedsätze tragen den Namen des Satzglieds, dessen Stelle sie einnehmen. Das kann z. B. die Stelle eines Subjekts oder Objekts sein. Dann nennt man sie Subjektsätze oder Objektsätze. Sie kommen als Konjunktionalsätze (oft mit *dass;* ↑ S. 127), indirekte Fragesätze (↑ S. 129) oder Infinitivsätze (↑ S. 130) vor:

- Nach einem **Subjektsatz** fragt man genauso wie nach dem Subjekt, also ***wer?*** oder ***was?***: *Wer zuerst da ist, bekommt die besten Plätze. Wer bekommt die besten Plätze? Wer zuerst da ist.*
- **Objektsätze** kommen meist anstelle eines Akkusativobjekts vor. Du kannst es mit ***wen?*** oder ***was?*** erfragen: *Der Läufer fragt sich, ob er auch bei den Meisterschaften erfolgreich sein wird. (Wen oder) was fragt er sich?*

33 **Bestimme die Gliedsätze nach ihrer Funktion und ihrer Form.**

a) Jeden Abend um kurz vor acht zeigt uns der Wetterbericht, wie das Wetter am nächsten Tag wird.

Funktion: ____________________ Form: ____________________

b) Wann die Wetterfronten über uns hinwegziehen, hängt von der Großwetterlage ab.

Funktion: ____________________ Form: ____________________

c) Dass man sich auf den Wetterbericht verlassen kann, wünschen sich nicht nur die Menschen, die einen Urlaub planen.

Funktion: ____________________ Form: ____________________

d) Vor allem die Landwirte möchten im Sommer wissen, ob sie ihre Felder am nächsten Tag bewässern müssen oder ob es regnen wird.

Funktion: ____________________ Form: ____________________

Adverbialsätze

Adverbiale Bestimmungen (↑ S. 104) geben nähere Erläuterungen zu einem Sachverhalt oder einer Handlung. Enthalten diese Erläuterungen ein Prädikat, werden sie satzwertig, also Adverbialsätze. Sie nehmen als Nebensatz die Stelle einer adverbialen Bestimmung ein: *Nach dem Film gingen wir nach Hause.* → *Als der Film zu Ende war, gingen wir nach Hause.* Adverbialsätze sind meist Konjunktionalsätze (↑ S. 127). Man unterscheidet:

- Temporalsätze (Zeit): *als, bis, nachdem, während;*
- Kausalsätze (Grund, Ursache): *weil, da;*
- Konditionalsätze (Bedingung, Voraussetzung): *wenn, falls, sofern;*
- Finalsätze (Ziel, Absicht, Zweck): *damit, dass;*
- Konsekutivsätze (Folge, Wirkung): *sodass;*
- Modalsätze (Art und Weise, Umstände): *indem, wobei, dadurch;*
- Konzessivsätze (Einräumung): *obwohl, obgleich, wenngleich;*
- Adversativsätze (gegenübergestellte Aussagen): *wohingegen, während;*
- Lokalsätze (Ort, Richtung): *wo, wohin, woher.*

34 **Um welche Art von Adverbialsätzen handelt es sich? Schreibe auf.**

a) Wir treffen uns dort, wo der Spielplatz ist. ______________________

b) Als das Rennen gestartet werden sollte, ging gerade ein kräftiges Gewitter nieder. ______________________

c) Wenn am Sonntag die Sonne scheint, gehen wir an den See. ______________________

d) Leider hatte der Zug Verspätung, sodass ich das Flugzeug nicht erreicht habe. ______________________

e) Sie trainierte täglich, um in die Landesauswahl zu kommen. ______________________

f) Das Fest fiel aus, weil es regnete. ______________________

g) Obwohl es nicht regnete, fiel das Fest aus. ______________________

h) Der Bürgermeister eröffnet das neue Rathaus, indem er dem Gemeinderat symbolisch einen Schlüssel überreicht. ______________________

35 **Setze passende adverbiale Bestimmungen aus dem Wortspeicher in die Lücken ein. Wandle die adverbialen Bestimmungen dann in Adverbialsätze um.**

als bei leichtem Nieselregen – wegen des wechselhaften Wetters – wegen ihrer großen Erfahrung – bei Sonnenschein und großer Hitze – nach dem ausgiebigen Studium der Wettervorhersage

a) Wegen des __________________ müssen die Mechaniker die Reifen besonders sorgfältig auswählen.

____

____

b) __________________________ sind andere Reifen auszuwählen __________________________.

____

____

c) Die endgültige Entscheidung wird meist erst __________________________ getroffen.

____

____

d) __________________________ können die Mechaniker aber viele Entwicklungen schon vorhersehen und rechtzeitig entscheiden.

____

____

____

____

Attributsätze

Der Attributsatz tritt an die Stelle eines Attributs (↑ S. 102). Man fragt nach ihm mit den Fragepronomen ***welcher?, welches?*** oder ***welche?***. Er tritt fast immer in Form eines Relativsatzes (↑ S. 124) auf: *Das siegreiche Team feiert ein großes Fest.* → *Das Team, das gesiegt hat, feiert ein großes Fest.*

36 **Unterstreiche in den folgenden Sätzen die Attribute. Wandle sie dann in Attributsätze (Relativsätze) um.**

a) Der diensthabende Streckenposten muss konzentriert sein.

____

____

b) Die Aufschrift auf dem Auto wirbt für eine Bekleidungsfirma.

____

____

c) Das schnellste Auto gewinnt.

____

____

d) Das Auto mit den besten Reifen hat große Chancen.

____

e) Nach dem Rennen wird überprüft, ob das Auto des Siegers den Regeln entspricht.

____

____

f) Der siegreiche Motorsportler wird mit einem Pokal und einer Flasche Champagner geehrt.

____

____

Nebensätze unterscheiden

Nebensätze lassen sich einteilen

- nach der Art ihrer **Verknüpfung** (↑ Kapitel 4.3): Relativsatz, Konjunktionalsatz, indirekter Fragesatz, Infinitivsatz und Partizipialsatz.
- nach der Art ihrer **Funktion** bzw. nach den verschiedenen **Satzteilen,** die sie vertreten können (↑ Kapitel 4.4): Subjektsatz, Objektsatz, Adverbialsatz und Attributsatz. Man nennt sie auch Gliedsätze.

37 **Erfrage jeweils den Gliedsatz und schreibe dazu, um welche Art von Gliedsatz es sich handelt. Unterscheide die Sätze dann auch nach der Art ihrer Verknüpfung.**

a) Er kann nicht glauben, dass er die Prüfung bestanden hat.

Frage: ______________________________

Funktion: ______________________________

Verknüpfung: ______________________________

b) Nachdem wir das Spiel gespielt hatten, mussten wir leider nach Hause.

Frage: ______________________________

Funktion: ______________________________

Verknüpfung: ______________________________

c) Wer mich liebt, den liebe ich auch.

Frage: ______________________________

Funktion: ______________________________

Verknüpfung: ______________________________

d) Die Bürger des Dorfes wundern sich darüber, dass das Jugendhaus nicht gut besucht ist.

Frage: ______________________________

Funktion: ______________________________

Verknüpfung: ______________________________

5 Grammatik und Stil

5.1 Wörter und ihre Bedeutung

Denotation und Konnotation

Unsere Sprache ist im Wesentlichen ein Kommunikationsmittel, mit dem wir miteinander in Kontakt treten und uns „etwas sagen" können. Dies funktioniert aber nur, weil die Wörter eine allgemein übliche, von allen anerkannte Hauptbedeutung haben. Neben dieser Bedeutung assoziieren die meisten Menschen ganz bestimmte Vorstellungen mit Wörtern, die ihre Entstehung in den persönlichen Erfahrungen jedes einzelnen Menschen haben.

- Die **Denotation** oder Hauptbedeutung eines Wortes meint die **Sachbedeutung,** die direkte, unmittelbare Bedeutung. Die Denotation ergibt sich aus der Übereinkunft innerhalb einer Sprachgemeinschaft: *Herz – inneres Organ; Winter – Jahreszeit.*
- Die **Konnotation** meint **Assoziationen, Erfahrungen oder Vorstellungen und Werte,** die mit dem Wort verbunden werden. Konnotationen können sehr individuell sein: *Herz – Symbol für Liebe, Romantik, Geborgenheit und Wärme; Winter – Skifahren, Schnee und Eis, Kälte.*

1 **Schreibe in Stichworten die Denotation und Konnotation der Wörter auf.**

	Denotation	**Konnotation**
Spinne		
Nacht		
Esel		
Mond		
schlicht		
Rose		

7. KLASSE

2 **Lies den Text. Notiere dann die konnotativen Bedeutungen der farbig gedruckten Wortgruppen.**

Ein leidenschaftlicher und raschlebiger Sommer war angebrochen. Die heißen Tage, so lang sie waren, loderten weg wie brennende Fahnen, den kurzen schwülen Mondnächten folgten kurze schwüle Regennächte, wie Träume schnell und mit Bildern überfüllt fieberten die glänzenden Wochen dahin.
Klingsor stand nach Mitternacht [...] auf dem schmalen Steinbalkon seines Arbeitszimmers. Unter ihm sank tief und schwindelnd der alte Terrassengarten hinab, ein tief durchschattetes Gewühl dichter Baumwipfel, Palmen, Zedern, Kastanien, Judasbaum, Blutbuche, Eukalyptus, durchklettert von Schlingpflanzen, Lianen, Glyzinen. Über der Baumschwärze schimmerten blaßspiegelnd die großen blechernen Blätter der Sommermagnolien, riesige schneeweiße Blüten dazwischen halbgeschlossen, groß wie Menschenköpfe, bleich wie Mond und Elfenbein, von denen durchdringend und beschwingt ein inniger Zitronengeruch herüberkam. [...]
In den Geflügelhöfen schrie plötzlich ein Pfau auf, zwei- und dreimal, und durchriß die waldige Nacht mit dem kurzen, bösen und hölzernen Ton seiner gepeinigten Stimme, wie wenn das Leid aller Tierwelt ungeschlacht und schrill aus der Tiefe schellte [...].

(Aus: Hermann Hesse: Klingsors letzter Sommer. Erzählung, 1920. © Suhrkamp Verlag, Frankfurt/M. 1978)

Sprachliche Bilder

Oft benutzen wir Wörter und Ausdrücke, die keine direkte, eindeutige Aussage enthalten, sondern ein **sprachliches Bild,** das wir erst übertragen müssen: *Es regnet Bindfäden.* → *Es regnet heftig. Ihr Kopf raucht.* → *Sie denkt nach.*

- Wir reden in Bildern, weil wir einen Sachverhalt oder ein Ereignis **anschaulich** machen wollen. Dafür verzichten wir auf Genauigkeit: *Die Niederschlagsmenge beträgt 1,5 l pro m²* ist präziser als *Es regnet Bindfäden*.
- Wörtlich genommen sind Sprachbilder Falschaussagen. Aber sie machen das Sprechen und Schreiben interessanter, oder bildlich gesagt: Sie *würzen* einen Text!

3 **Erkläre die bildlichen Ausdrücke stichwortartig.**

a) Im Klassenzimmer herrschte dicke Luft. __________

b) Er rannte wie ein geölter Blitz hinaus. __________

c) Das Blut gefror ihr in den Adern. __________

d) Die Sonne lacht. __________

e) Nach der Fünf gab's zu Hause ein Donnerwetter. __________

f) Sie brach ihm das Herz. __________

4 **Finde bildliche Ausdrücke für folgende Aussagen.**

a) Das obere, breite Ende eines Nagels: __________

b) Nebenfluss: __________

c) Aufregung von Schauspielern kurz vor dem Auftritt:

____

d) Jemand hat einen plötzlichen Einfall: __________

e) Lange Reihe von Wartenden: __________

Vergleich, Metapher und Personifikation

Sprachliche Bilder unterteilt man in

- **Vergleiche:** Sie verknüpfen zwei verschiedene Vorstellungen durch das Vergleichswort *wie: Luca bewegt sich wie ein Elefant im Porzellanladen.*
- **Metaphern:** Sie übertragen eine Vorstellung ohne Vergleichswort in einen anderen Bedeutungsbereich: *Lutz ist das Schlusslicht der Mannschaft.*
- Die **Personifikation,** die Vermenschlichung eines Gegenstands oder Begriffs, ist eine besondere Form der Metapher: *Die Nase läuft. Der Berg ruft.*

5 **Vergleich, Metapher oder Personifikation? Schreibe „V" für Vergleich, „M" für Metapher und „P" für Personifikation in die Kästchen am Zeilenende.**

a) Ein Gefühl wie Weihnachten breitete sich in ihm aus. ☐

b) Sie stand in der Blüte ihrer Jahre. ☐

c) Das kommt mir vor, als wäre ich hier in einer Rumpelkammer! ☐

d) Achilles war ein Löwe im Kampf. ☐

e) Der Tag verabschiedete sich. ☐

f) Er breitete, einem Adler gleich, seine Arme aus. ☐

g) Er schrie wie von Sinnen. ☐

h) Er studierte die Buchrücken auf dem Regal. ☐

i) Man irrt durch die große, neue Schule wie durch ein Labyrinth. ☐

j) Die Zeit drängt. ☐

k) Er saß auf heißen Kohlen. ☐

l) Das Internet: Fenster zur Welt. ☐

m) Willst du mich auf den Arm nehmen? ☐

n) Der Himmel weint. ☐

6 **Schreibe die Bedeutung der farbig gedruckten sprachlichen Bilder auf.**

a) Das Auto glänzt wie Gold.

____

b) Sie fuhren mit einer kleinen Nussschale über den See.

____

c) Tim steht auf Sara, nicht auf Anna.

____

d) Am Fuß des Berges begann die Kletterpartie.

____

e) Ihr Gesicht war bleich wie Elfenbein.

____

f) Der kleine Junge rannte blitzschnell über die Straße.

____

7 **Erkläre die Begriffe in deinen eigenen Worten und gib jeweils zwei Beispiele dazu an:**

Metapher: ______________________________

____

Beispiele: ______________________________

Vergleich: ______________________________

____

Beispiele: ______________________________

Personifikation: ______________________________

____

Beispiele: ______________________________

Ober- und Unterbegriffe

Der Wortschatz unserer Sprache ist systematisch gegliedert und geordnet. Für viele Substantive, Verben und Adjektive lassen sich benachbarte Begriffe sowie über- und untergeordnete Kategorien finden. In einem Baumdiagramm kann man Ober- und Unterbegriffe gut veranschaulichen:

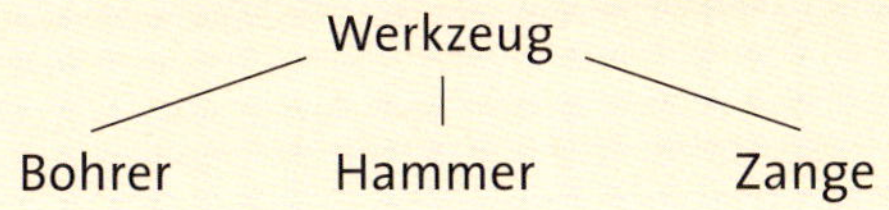

8 **Finde zu den folgenden Begriffen jeweils den Oberbegriff oder jeweils drei Unterbegriffe.**

a) Teller, Tasse, Unterteller: ______________________________

b) Messer, Gabel, Löffel: ______________________________

c) Dackel, Dalmatiner, Schäferhund: ______________________________

d) Gewürze: ______________________________

e) Haustiere: ______________________________

f) Pflanzen: ______________________________

9 **Fertige eine Mindmap mit dem zentralen Begriff *Kleidung* an.**

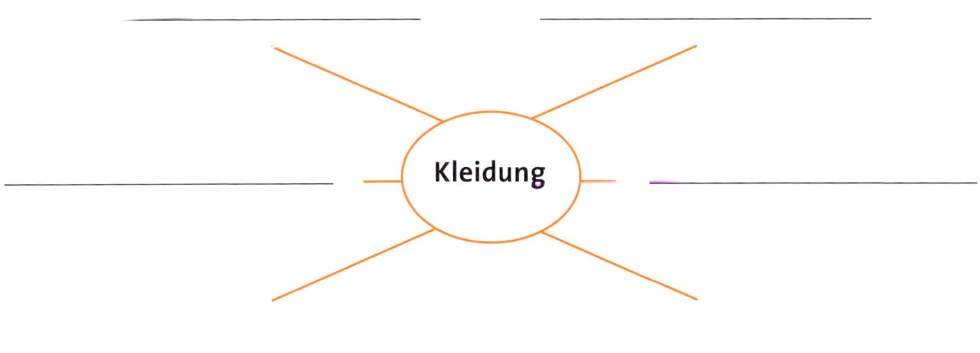

Gesprochene und geschriebene Sprache

Wir benutzen Sprache beim Sprechen anders als beim Schreiben.

- Beim **Sprechen** verwenden wir meist eine einfache Sprache. Wir denken nicht lange über das nach, was wir sagen wollen. An den Reaktionen unseres Gesprächspartners können wir sehen, ob er uns verstanden hat. Gesten und Betonung helfen dem Gesprächspartner dabei, das Gesagte zu verstehen. Nicht immer sind die Sätze vollständig.
- Beim **Schreiben** dagegen, z. B. beim Aufsatzschreiben, haben wir mehr Zeit und können die Formulierungen planen, bevor wir sie niederschreiben. Wir informieren genauer und ausführlicher. Daher ist die geschriebene Sprache in der Regel korrekter, hat einen komplizierteren Satzbau und besteht aus ausgewählteren Wörtern und Ausdrücken.

10 **David erzählt seiner Klassenlehrerin aufgeregt, was nach der ersten Stunde passiert ist. Lies den Text und überlege, welche Formulierungen typisch für ein Gespräch sind.**

„Frau Sander, wir waren eben eingeschlossen! Echt! In der Klasse! Sie wissen ja, das Türschloss ist, äh, die Tür klemmt manchmal und Herr Klose hatte abgeschlossen in der Erdkundestunde, aus Jux, weil wieder einige aus der Pause noch nicht wieder da waren, und als die dann kamen, also an der Tür rüttelten und klopften, da kriegte der Klose die Tür nicht wieder auf! Er hat's immer wieder versucht. Ich auch. Ging nicht. Aber dann hatte Svea die Idee! Wir haben mit dem Handy Frau Schulte-Sasse im Sekretariat angerufen – die hat sich vielleicht gewundert! Und die hat dann den Hausmeister geholt."

11 **Schreibe den Text aus Übung 10 so in dein Heft, dass er für die Schülerzeitung verwendet werden könnte. Was kannst du weglassen? Denke dir auch eine Überschrift aus.**

Umgangssprache und Standardsprache

Die geschriebene Sprache nutzt meist einen größeren Wortschatz und längere Sätze als die gesprochene Sprache. Ähnlich sind die Unterschiede zwischen der Umgangssprache, die wir im **Alltag** sprechen, und der Standardsprache, die normalerweise in der **Öffentlichkeit,** vor allem in den **Medien,** benutzt wird. Hier wird bewusster formuliert und Wortwahl und Satzkonstruktion sind genauer.

12 **Finde für die Wörter aus der Umgangssprache entsprechende Wörter aus der Standardsprache.**

a) latschen ____________ **b)** quatschen ____________

c) gucken ____________ **d)** Klamotten ____________

e) Schmöker ____________ **f)** Glotze ____________

g) pennen ____________ **h)** Pulle ____________

i) flennen ____________ **j)** krepieren ____________

13 **Finde zu den folgenden Begriffen entsprechende Wörter und Ausdrücke aus der Umgangssprache.**

a) Blatt Papier zum Vorschreiben: ____________

b) Lehrer: ____________

c) Hund: ____________

d) „Sei bitte ruhig!“: ____________

e) beleidigt: ____________

f) Geld: ____________

g) Auto: ____________

h) Sie regt sich auf. ____________

14 **Eine Lehrerin hat umgangssprachliche Formulierungen aus Buchbesprechungen ihrer Klasse zusammengestellt. „Übersetze" den Text in die Standardsprache.**

„Keine Ahnung, wie ich die Schwarte finden soll: mal echt toll, mal total abgefahren! Es gibt altmodische Ausdrücke, lange Sätze und so, also echt schwer zu lesen, der Schmöker, manchmal. Man kommt schlecht rein. Auch ziemlich lahm am Anfang, hab erst nicht gecheckt, was Sache ist. Spannungsmäßig war dann der zweite Teil am besten, da geht die Post ab! Ich fahr ja eh ab auf Science-Fiction, und ich muss sagen: Die Story wird dann echt mega!"

15 **Manchmal kann man nur aus dem Zusammenhang erkennen, ob ein Wort zur Umgangssprache oder zur Standardsprache gehört. Erkläre diesen Unterschied an dem Wort *Schnauze*.**

Dialekt, Idiolekt und Soziolekt

Mit deinen Eltern sprichst du anders als mit deinen Lehrern in der Schule, mit deinen Freunden anders als mit dem Verkäufer, bei dem du etwas kaufen willst, und vielleicht sprichst du mit einem Dialekt. Wir alle beherrschen verschiedene Sprachvarianten, je nach Situation oder Gesprächspartner:

- **Dialekte oder Mundarten** unterscheiden sich in der Aussprache, im Wortschatz, in Teilen der Grammatik sowie in der Bedeutung und im Gebrauch der Wörter von der Hochsprache. Sie werden vorrangig gesprochen und haben teils nur eine geringe räumliche Verbreitung.
- Der Sprachgebrauch von Jugendlichen und anderen sozialen Gruppen unterscheidet sich häufig vom allgemeinen Sprachgebrauch in Wortwahl, Satzbau usw. Das Fachwort dafür ist **Soziolekt.**
- Den Sprachgebrauch eines einzelnen Menschen mit seinen persönlichen Besonderheiten nennt man **Idiolekt.**

16 **Lies den folgenden – nicht ganz ernst gemeinten – Auszug aus einem Praktikumsbericht und fasse den Inhalt kurz zusammen. Schreibe in dein Heft.**

Tja, wo soll ich anfangen, Johannes, ich hab echt keinen Plan. Woll'n wir's so machen, dass ich einfach drauflosschreibe und du kümmerst dich da 'n Dreck drum? Gebongt? Cool! Is' echt kreativ, oder? Okay, los geht's:
Da war also dies' Büro, nech, und da war'n diese paar Typies, die meinten, sie schmeißen den Laden da. Ich also erstma' rein und „Hallo" gesacht. War gar nich' so schwer, Ich hatte den Dreh schon fast raus. Aber ey, da sitzt da auf einmal diese dicke Frau und man sacht mir, die macht den Gesundheitskram! Wo war ich gelandet? Wer macht denn hier die Verkehrsplanung? Elton? Na ja, musst ich wenigstens schon mal grinsen, immerhin was! Und weiter ging's. Da war die Kaffeemaschine und dort war der Schrank. War ich also aufgeklärt.
Nun sollte ich den Chef der Truppe kennenlernen. Kein Ding, sach ich, weiß ich, wo ich den finde. Gucken se blöd und wissen nich', was ich meine, egal. Schon war ich da und sach ganz leger: „Moin, Axel", und er so: „Hey, Carlos, wie geht's? Ja, geht was?" – Okay, erste Frage an dich: „Stehst du über den ‚Hommies' da drüben?" „Joar klar, die ham nix zu melden, Carlos, ich bin der King." „Wow, Axel, korrekt! Muss wieder weg, gleich is' wieder Programm." Und da war ich wieder wech und ging da so tschillig lang ...

5.2 Texte überarbeiten und verbessern

Wiederholungen vermeiden, anschauliche Verben verwenden

Du kannst Texte oder deinen Schreibstil verbessern, wenn du darauf achtest,

- **Wortwiederholungen** zu vermeiden. Schreibe abwechslungsreich, indem du nicht immer die gleichen Substantive, Verben, Konjunktionen usw. verwendest. **Wortfelder** und **Synonyme** (↑ S. 79) können dabei helfen.
- sogenannte „blasse Verben" wie *sagen* oder *machen* nur selten zu verwenden und sie durch **anschauliche Verben zu** ersetzen: *Tee machen → Tee kochen / zubereiten / aufgießen.*

17 **Suche passende Verben, die aussagen, dass etwas endet.**

a) Der Zug ____________

b) Das Schiff ____________

c) Das Auto ____________

d) Das Flugzeug ____________

e) Der Redner ____________

f) Die Maschine ____________

g) Das Licht ____________

h) Das Lied ____________

18 **Ersetze in den folgenden Wendungen das Verb *machen* oder den mit *machen* gebildeten Ausdruck durch genauere Verben aus dem Wortspeicher.**

lockern – öffnen – anfertigen – einschalten – schließen – entfernen – verlängern – löschen – erledigen

a) die Hausarbeit machen ____________

b) eine Inhaltsangabe machen ____________

c) das Fenster zumachen ______________________

d) einen Brief aufmachen ______________________

e) Kerzen ausmachen ______________________

f) einen Fleck wegmachen ______________________

g) einen Rock länger machen ______________________

h) eine Schraube losmachen ______________________

i) den Fernseher anmachen ______________________

19 **Finde selbst das treffende Verb, das *machen* bzw. den mit *machen* gebildeten sprachlichen Ausdruck ersetzt.**

a) eine Straße breiter machen ______________________

b) viel Geld machen ______________________

c) eine Arbeit fertig machen ______________________

d) ein langes Gesicht machen ______________________

e) Lärm machen ______________________

f) einen Ausflug machen ______________________

g) ein Feuer machen ______________________

h) jemandem Freude machen ______________________

i) Mut machen ______________________

j) jemandem etwas vormachen ______________________

k) Musik machen ______________________

l) bei einer Unternehmung mitmachen

____

20 **Ersetze das Verb *sein* durch ein anschauliches Verb. Manchmal reicht es, wenn du das Verb *sein* durch ein anderes ersetzt, manchmal musst du den ganzen Satz etwas umformulieren.**

a) Ein Drachen ist hoch in der Luft.

____

b) In dem Teich sind viele exotische Fische.

____

c) Vorne am Gerät sind die Knöpfe.

____

d) Wolken sind am Himmel.

____

e) Auf dem Marktplatz ist eine große Menge.

____

f) Rund um das Grundstück ist ein Zaun.

____

g) Auf dem Dach sind Störche.

____

h) In dem Aufsatz sind ganz viele Fehler.

____

i) In Warstein ist Schützenfest.

____

21 **Überlege dir Alternativen für jede farbig hervorgehobene Verwendung des Verbs *sagen* und notiere sie unten. Schreibe den Text dann mit diesen Alternativen neu in dein Übungsheft.**

„Ich würde gerne ins Kino gehen“, sagt Lenny. „Ich habe heute keine Lust dazu“, sagt Marsha. „Ich will aber gerne den neuen James Bond sehen“, sagt Lenny. „Aber ich nicht!“, sagt Marsha. „Dann lass uns einen anderen Film anschauen“, sagt Lenny. „Na gut“, sagt Marsha. „Wie wäre es zum Beispiel mit einer Komödie?“, sagt Lenny. „Ich würde lieber einen Dokumentarfilm anschauen“, sagt Marsha. „Also, dazu habe ich nun wieder keine Lust“, sagt Lenny.

______________	______________	______________
______________	______________	______________
______________	______________	______________

22 **Schreibe die Sätze mit anderen Verben des Wortfelds *gehen* in deinem Heft auf. Bei einem Satz „geht“ das nicht so ohne Weiteres. – Überlege, warum!**

a) Der Spaziergänger geht durch den Park.
b) Der Hund geht um den Baum herum.
c) Die Kinder gehen von der Schule nach Hause.
d) Der Politiker geht die Ehrenformation ab.
e) Die Kühe gehen auf der Weide umher.
f) Der Filmstar geht bei der Oscarverleihung die Treppe herunter.
g) Der durstige Mann geht zur Quelle.
h) Das Auto geht trotz aller Versuche nicht.
i) Die Katze geht auf Vogeljagd durch den Wald.
j) Der Zeitungsreporter geht in die Redaktion.
k) Der Tiger geht auf Nahrungssuche durch die Savanne.
l) Das kleine Kind geht zum ersten Mal alleine durch das Wohnzimmer.
m) Das Nashorn geht zur Wasserstelle.
n) Die Eiskunstläuferin geht über das Eis.
o) Die Ente geht mit ihren Küken quer über die Straße.

Fremdwörter und Fachbegriffe sinnvoll verwenden

Auch mit Fremdwörtern und Fachbegriffen kannst du einen Text abwechslungsreich gestalten. Beachte aber Folgendes:

- Benutze **Fremdwörter** nur, wenn sie Sachverhalte treffender ausdrücken als das entsprechende deutsche Wort: *Das ist unter meinem Niveau.* → Besser als: *Das ist unter meinem geistigen Stand.*
- Ein sinnvoll verwendeter **Fachbegriff** trifft den Sachverhalt manchmal genauer als die Umschreibung und ersetzt manchmal einen ganzen Satz. Verwende auch Fachbegriffe nur, wenn sie etwas treffender oder präziser ausdrücken: *Er hat bei der Bank danach gefragt, ob sie ihm Geld leiht.* → Besser: *Er hat bei der Bank um einen Kredit gebeten.*

23 **Welche Wörter fehlen in den Lücken? Entscheide, ob das Fremdwort oder die deutsche Formulierung besser passt.**

eine Katastrophe – ein Unglück

homogene – einheitliche

Lappalie – höchst unbedeutende Sache

a) „Das ist ja ______________________ von großem Ausmaß!“, schrie die Lehrerin entsetzt.

b) Die Mitglieder der Tanzgruppe hatten ______________________ Kleidung an.

c) Wegen dieser ______________________ musst du dir nun wirklich keine Gedanken machen.

24 **Ersetze die folgenden Umschreibungen durch Fachbegriffe**

a) Computerbildschirm ______________________

b) Verfasserin eines Buches ______________________

c) Tasteninstrument mit elektronischer Verstärkung ______________________

d) Werbefläche im Internet ______________________

e) kurzer informierender, werbender Text auf Buchrücken oder -umschlag

____

f) Zuckerkrankheit ________________________________

g) statistisches Schaubild ________________________________

h) Hörrohr eines Arztes ________________________________

i) Gerichtsverhandlung ________________________________

j) Aufenthaltserlaubnis für Flüchtlinge ______________________

k) Turnen auf einem Pferd ________________________________

l) Königsherrschaft ________________________________

m) Hauptüberschrift in einer Zeitung ______________________

n) Volksvertretung ________________________________

o) politischer Mordanschlag ____________________________

p) Zusammenschluss von Handwerkern im Mittelalter ____________

q) Vorsteher eines Klosters ________________________________

r) junges Pferd ________________________________

s) Springbrunnen ________________________________

t) Textvorlage eines Films ________________________________

u) Gesamtheit der Zuhörer oder Zuschauer ____________________

v) Vorderteil eines Schiffes ________________________________

w) „Flügel“ eines Flugzeugs ________________________________

x) Infektionskrankheit, die sich weltweit ausbreitet ______________

y) Grundstücksvermittler ________________________________

z) Handelsplatz für Aktien ________________________________

Synonyme und Vergleiche

- Wörter mit fast gleicher Bedeutung heißen **Synonyme** (↑ S. 79, 150). Sie können dir dabei helfen, abwechslungsreich zu schreiben und Wortwiederholungen zu vermeiden.
- Ein **Vergleich** (↑ S. 143) verknüpft zwei verschiedene Vorstellungen durch das Wörtchen *wie*. Darstellungen werden durch Vergleiche präziser oder anschaulicher: *Er saß da* ***wie*** *ein begossener Pudel.*

25 **Suche jeweils acht Synonyme für *essen* und für *sehen*. Es können auch umgangssprachliche und „unfeinere" Verben sein.**

a) essen: ____

____

b) sehen: ____

____

26 **Denke dir Vergleiche aus.**

a) Sie war müde, ihre Lider waren schwer wie ____________________.

b) Er schlief tief und fest wie ____________________.

c) Wie ____________________ schoss das Auto an mir vorbei.

d) Egal, was man ihn fragte, er war stumm wie ____________________.

e) Er rannte wie ____________________.

f) Sie zitterte wie ______________, er schrie wie ______________.

g) Die Antwort traf ihn wie ____________________.

h) Sein Taschenmesser war scharf wie ____________________.

i) Ihre Augen waren blau wie ____________________.

j) Das Handy klingelte laut wie ____________________.

k) Er schlich sich in sein Zimmer wie ____________________.

Nichtssagende Wörter und Umgangssprache vermeiden

Vermeide beim Schreiben nichtssagende oder entbehrliche Wörter: *Das war wirklich ganz genauso, wie ich es sage.* → *Das war so, wie ich es sage.* Verzichte außerdem auf umgangssprachliche Formulierungen (↑ S. 147): *Wir waren so lange in der Stadt herumgelaufen, bis wir überhaupt keinen Bock mehr drauf hatten.* → *Wir liefen durch die Stadt, bis uns langweilig wurde.*

27 **Ersetze die hervorgehobenen Ausdrücke durch anschaulichere Formulierungen.**

a) Das Auto ist echt Wahnsinn!

____

b) Der Urlaub war krass.

____

c) Die Sneakers sind mega.

____

d) Der Film war blöd.

____

e) Das T-Shirt sieht bescheuert aus.

____

28 **Streiche alle nichtssagenden Wörter und Formulierungen.**

Die Tanzstunde gestern war wirklich richtig toll. Zuerst hatte ich ja überhaupt keine Lust auf diese Veranstaltung. Doch nun bin ich echt unglaublich froh, dass Leah mich dahin mitgenommen hat. Die Tanzlehrer waren tatsächlich sehr nett – Leah hatte mir das schon erzählt – und tanzen können die! Aber das war ja nun nicht das Beste. Das Beste war nämlich, dass ich einen super, super süßen, tollen Jungen kennengelernt habe und – haltet euch fest! – dann morgen Nachmittag mit ihm ein Eis essen gehe. Die Tanzstunde hat sich für mich also so richtig gelohnt!

Abwechslungsreicher Satzbau

Verbessere deinen Schreibstil mit einem abwechslungsreichen Wortschatz, aber auch mit einem abwechslungsreichen Satzbau: *Wir waren fast am Ziel angekommen. Da fing es an zu regnen.* → *Kurz bevor wir unser Ziel erreichten, fing es plötzlich an zu regnen.*
Manchmal ist es z. B. stilistisch besser, einen **Relativsatz** (↑ S. 124) in **Attribute** oder **Appositionen** (↑ S. 102) und **Konjunktionalsätze** in **adverbiale Bestimmungen** (↑ S. 104) umzuformen. Dadurch kann man umständliche Nebensätze vermeiden. Grundsätzlich gilt aber: Wenn der Satzbau unübersichtlich wird, sollte man den jeweiligen Nebensatz wählen.

29 **Unterstreiche die Attribute in den Sätzen.**

a) Die in Weiß gekleidete und durch Verletzungspech geschwächte Fußballmannschaft verlor das Spiel.

b) Heute ist mir ein auf einem Fuß hinkender und entsetzlich laut krächzender Papagei zugeflogen.

c) Insgesamt sieben unaufhörlich und schrill bellende Dackel und ein Bernhardiner rasten hinter der Katze her.

d) Ein Smartphone ist eine feine Sache, wenn man es nicht in der zu Hause auf dem Schreibtisch stehenden Tasche gelassen hat.

e) Ich verkehre mit meinem Bruder bekannten Prominenten.

f) Ein auf der Bremer Seite der bereits abgefahrenen Fähre nachgesprungener Mann fiel in die Weser.

g) Eine auf meinem Schulschreibtisch herumliegende Rechnung für ein teures Mikroskop versetzt mich in Unruhe.

h) Ein dickleibiges, schweres und ziemlich angestaubtes Buch liegt oben auf der Kommode.

30 **Forme die Attribute aus Übung 29 in Relativsätze um. Schreibe in dein Heft.**

31 **Unterstreiche die Konjunktionalsätze.**

a) Das Geschäft ist geschlossen, weil der Inhaber krank ist.

b) Der Wettbewerb beginnt, wenn die Sonne aufgeht.

c) Frederik trainiert jeden Tag, damit er in die richtige Wettkampfform kommt.

d) Obwohl heftiger Regen fällt, spielen die Kinder draußen im Sandkasten.

e) Franzi ahnt, bevor der Film zu Ende ist, schon den Ausgang.

f) Meiner Tochter ist, obwohl sie sehr vorsichtig war, die EC-Karte gestohlen worden.

g) Da die Vorstellung ausverkauft ist, gibt es keine Eintrittskarten mehr.

h) Obgleich das Wetter eher kalt und regnerisch ist, hat das Freibad geöffnet.

32 **Forme die Konjunktionalsätze aus Übung 31 in adverbiale Bestimmungen um. Schreibe in dein Heft.**

Nominalstil und Verbalstil

- Wenn Sachverhalte in einem Text durch Verben ausgedrückt werden, spricht man von **Verbalstil.** Texte, die so geschrieben sind, wirken oft anschaulicher und lebendiger: *Wir organisieren morgen ein Fest.*
- Wenn die Sachverhalte in einem Text durch Substantive oder Substantivierungen (↑ S. 70) ausgedrückt werden, spricht man von **Nominalstil.** Er wird besonders in Nachrichten, Zeitungstexten oder wissenschaftlichen Schriften verwendet, um Sachverhalte präzise und knapp darzustellen: *Die Organisation/Das Organisieren des Fests liegt in den Händen der Vereine.*

33 **Formuliere die Verhaltensregeln dieser Schulordnung in den Verbalstil um. Schreibe so, dass man die Regeln gut versteht. Beginne mit:** ***Du sollst die Höflichkeitsregeln befolgen, also ...***

Punkt 1: Befolgen üblicher Höflichkeitsregeln, zum Beispiel das freundliche Grüßen und das Danken sowie die Freundlichkeit gegenüber anderen und die Achtung ihres Eigentums.
Punkt 2: Pünktliches Erscheinen beim Unterricht, sofortiges Entschuldigen bei Krankheit oder Verspätung.
Punkt 3: Gewissenhafte Vorbereitung auf den Unterricht, kein Essen, Trinken und Kaugummikauen während des Unterrichts.
Punkt 4: Gutes Verhalten auf dem Schulhof, auch während der Pausen keine Nutzung digitaler Geräte.

Die Bausteine unserer Sprache

Unsere Sprache besteht aus verschiedenen Bausteinen. Die kleinsten Elemente sind die Buchstaben; ihnen entsprechen meist bestimmte Laute. Aus den Buchstaben sind zunächst die einfachen Wörter zusammengesetzt. Diese einfachen Wörter können sich zu komplexen Wörtern verbinden; mehrere solcher Wörter wiederum bilden einen Satz. Sätze sind ebenso nach bestimmten Prinzipien aufgebaut und bilden zusammen mit weiteren Sätzen schließlich einen Text. Alles dies geschieht nach Regeln, die die Grammatik beschreibt. Mithilfe der Grammatik ist es dir also möglich, den Aufbau der Sprache zu verstehen.

Grammatik „üben" – aber wie?

Wenn es um die Grammatik geht, hilft vor allem eins: das Üben. Denn die Theorie allein nützt dir wenig. Mit den Übungen in diesem Buch kannst du die Regeln anwenden und die Grammatik abwechslungsreich trainieren. Auch das Lesen ist ein wichtiger Helfer. Wenn du viel liest, wirst du deinen Wortschatz automatisch erweitern und die Regeln der deutschen Sprache fast automatisch verinnerlichen. Zu guter Letzt findest du auf den folgenden Seiten noch Helfer Nummer 3: einen Überblick über die wichtigsten Grundsätze der Grammatik.

1 Laute und Buchstaben

Die kleinsten Bausteine der Sprache sind also Laute und Buchstaben. Laute beziehen sich auf die gesprochene Sprache, Buchstaben braucht man für die geschriebene Sprache. Im Deutschen haben wir 26 Buchstaben (Vokale und Konsonanten), dazu kommen noch die Umlaute *ä, ö* und *ü* und das *ß*.
Laute und Buchstaben entsprechen sich nicht immer: Für die Buchstabenfolge *sch* gibt es einen Laut, dafür entspricht der Einzelbuchstabe *x* den zwei Lauten *ks*. Und für den langen *o*-Laut kann *o (Tor)* oder *oo (Moor)* oder *oh (Rohr)* stehen – das kann die richtige Schreibung manchmal etwas knifflig machen.

Ein Laut oder Buchstabe an sich hat meistens noch keine Bedeutung, aber wenn du verschiedene dieser Elemente zusammensetzt, erhältst du Silben oder Wörter mit einer Bedeutung. Indem du manche Laute beim Sprechen besonders betonst oder durch die Satzmelodie, die Tonhöhe, hervorhebst, kannst du auch die Bedeutung einer Aussage verändern. Probiere einfach aus, was sich ändert:
Beispiele:
Wir schreiben heute eine Mathearbeit.
Wir schreiben heute eine Mathearbeit?

Jule *hat den Aufsatz geschrieben.* (Und nicht Celina.)
Jule **hat** *den Aufsatz geschrieben.* (Auch wenn du es nicht glaubst.)
Jule hat den **Aufsatz** *geschrieben.* (Und Celina ein Referat gehalten.)
Jule hat den Aufsatz **geschrieben**. (Und Celina hat ihn vorgelesen.)

2 Wörter

2.1 Die Form der Wörter

Es gibt veränderbare und unveränderbare Wörter. Die Formveränderung von Wörtern nennt man Flexion; hierzu zählen

1. die Deklination (von Substantiven, Adjektiven, Artikeln und Pronomen),
2. die Konjugation (von Verben) und
3. die Steigerung (von Adjektiven).

Die Flexionsformen eines Wortes

- An der **deklinierten Form** erkennst du den Numerus, den Kasus und das grammatische Geschlecht.
- An der **konjugierten Form** erkennst du die Person (1. / 2. / 3. Person), die Zahl (Singular / Plural), die Zeit (Präsens, Futur, Perfekt ...), die Aussageweise (Indikativ / Konjunktiv) und die Handlungsart (Aktiv / Passiv).
- Mit der **gesteigerten Form** kannst du Vergleiche anstellen: *Das Buch ist **dick.** Das Buch ist **dicker** als dieses. Das Buch ist **das dickste** von allen.*

2.2 Der Aufbau der Wörter

Es gibt einfache Wörter *(Haus)* und komplexe Wörter aus verschiedenen Wortteilen *(Zu-haus-e, un-er-träg-lich)*. Diese Teile können sein:

- Wortstamm, z. B.: *-glaub-*
- Vorsilbe (Präfix), z. B.: *un-*
- Nachsilbe (Suffix), z. B.: *-lich*
- Flexionsendung, z. B.: *-er* ⟶ *ein **unglaublicher** Quatsch*

2.3 Die Bildung der Wörter

Jedes Wort enthält mindestens einen **Wortstamm;** wenn der Stamm allein das Wort bildet, ist das ein einfaches Wort: *Buch, dick.*
Durch Wortbildung entstehen neue Wörter; die wichtigsten Arten der Wortbildung hast du schon kennengelernt; für die Bildung komplexer Wörter sind das die Zusammensetzung und die Ableitung.

Tipp: Bei der **Bestimmung der Wortart** hilft dir oft der **Blick auf das Ende eines Wortes:** Bei Zusammensetzungen richtet sich die Wortart nach dem Grundwort, das hinten steht, und bei Ableitungen zeigt dir oft schon ein Suffix, um welche Wortart es sich handelt, denn die meisten Suffixe sind genau einer Wortart zugeordnet. Auch das Suffix steht am Ende eines Wortes.

Die Wortbildung des Substantivs
Zusammensetzungen, die ein Substantiv als Grundwort haben, können verschiedene Bestimmungswörter haben:

- Substantiv + Substantiv: *Tafel + Bild = Tafelbild*
- Adjektiv + Substantiv: *dick + Darm = Dickdarm*
- Verb(stamm) + Substantiv: *wisch- + Dienst = Wischdienst*
- Präposition + Substantiv: *neben + Raum = Nebenraum*

Für die Zusammensetzung benötigst du manchmal noch sogenannte **Fugenzeichen** (am häufigsten kommt das Fugen-*s* vor):

- *-s-: Armutszeugnis, Freundeskreis, Geschichtswissen*
- *-e-, -(e)n-, -er-: Badezimmer, Pausenbrot, Bilderrahmen*

EXTRA

Ableitungen erkennst du ebenfalls am besten an den Endungen; folgende **Suffixe** sind typisch für die Bildung von Substantiven:

- *-chen, -lein, -in, -er* (von Substantiven abgeleitet):
  ⟶ *Zimmer-chen, Büch-lein, Lehrer-in, Wiesbaden-er*
- *-heit, -keit, -igkeit, -e* (von Adjektiven / Partizipien abgeleitet):
  ⟶ *Dunkel-heit, Möglich-keit, Genau-igkeit, Tief-e*
- *-ung, -er* (von Verben abgeleitet):
  ⟶ *Übersetz-ung, Mal-er*

Viele Suffixe haben eine klare Bedeutung. So dienen *-chen* und *-lein* der Verkleinerung und du verstehst das Wort *Computerchen* sofort, selbst wenn du es noch nie vorher gehört hast.
Tipp: Vorsichtig sein musst du mit der **Substantivendung *-er*,** die sowohl eine **handelnde Person** als auch ein **Instrument** bezeichnen kann:
⟶ *Mixer* (= 1. *jemand, der mixt* oder 2. *ein Gerät zum Mixen*)

Die Wortbildung des Adjektivs
Auch Adjektive können aus verschiedenen Wörtern **zusammengesetzt** sein:

- Substantiv + Adjektiv: *Wasser + dicht = wasserdicht*
- Adjektiv + Adjektiv: *dick + flüssig = dickflüssig*
- Verb(stamm) + Adjektiv: *treff- + sicher = treffsicher*

Typische **Suffixe** für die Adjektivbildung sind:

- *-lich, -isch, -ig, -los* (von Substantiven abgeleitet):
  ⟶ *freund-lich, neid-isch, mächt-ig, erfolg-los*
- *-lich* (von Adjektiven / Partizipien abgeleitet):
  ⟶ *süß-lich, kränk-lich*
- *-bar, -lich* (von Verben abgeleitet):
  ⟶ *dreh-bar, bedroh-lich*

Die Wortbildung des Verbs
Die meisten Verben sind einfache Wörter oder sie haben Präfixe; du erkennst sie in der Grundform an der Infinitivendung *-en,* die an den Stamm tritt *(fahr-en, denk-en)*. **Zusammengesetzte Verben** gibt es gar nicht so viele, und diese werden oft wieder getrennt, wenn sie konjugiert werden *(standhalten ⟶ sie hält stand),* oder man kann sie gar nicht konjugieren *(seiltanzen).*
Abgeleitete Verben entstehen entweder aus anderen Verben + *-eln (lachen ⟶ läch-eln)* oder aus Substantiven + *-ieren (Telefon ⟶ telefonieren).*

EXTRA

3 Sätze

3.1 Der Aufbau von Sätzen

Wörter kommen meist nicht isoliert, sondern zu Sätzen kombiniert vor, egal ob beim Sprechen oder beim Schreiben. Sätze können sehr unterschiedlich aufgebaut sein: Es können einfache Hauptsätze sein mit einem oder mehreren Satzgliedern oder sie können verschiedene Nebensätze enthalten.

Die Stellung der Satzglieder ist im Deutschen relativ frei. Fest steht nur die Stellung der Personalform des Verbs (finite Verbform, ↑ S. 19). Daher kannst du mithilfe der Satzstellung auch ein Satzglied betonen, indem du es an den Anfang stellst – oder ans Ende.

3.2 Satzglieder und Gliedsätze

Auf den Stil deines Textes kannst du durch Grammatik viel Einfluss ausüben, z.B. mithilfe der Entscheidung, ob du Satzglieder oder Gliedsätze verwendest. Die Grammatik hilft dir hier, einen **abwechslungsreichen Stil** zu finden.

Tipp: Wenn du Gliedsätze statt Satzglieder verwendest, brauchst du vor allem unterschiedliche **Konjunktionen,** mit denen du deine Haupt- und Nebensätze sinnvoll miteinander verknüpfen kannst.
Beispiele:
Zur Vermeidung von Fehlern *lerne ich Grammatik.*
⟶ ***Um Fehler zu vermeiden,*** *lerne ich Grammatik.*
⟶ ***Damit ich Fehler vermeide,*** *lerne ich Grammatik.*
Aufgrund meines Trainings *habe ich gewonnen.*
⟶ ***Weil ich so viel trainiert habe,*** *habe ich gewonnen.*
Trotz meines Trainings *habe ich nicht gewonnen.*
⟶ ***Obwohl ich so viel trainiert habe,*** *habe ich nicht gewonnen.*
Nach meinem Training *habe ich gewonnen.*
⟶ ***Nachdem ich so viel trainiert habe,*** *habe ich gewonnen.*
Bei weiterem Training *werde ich wieder gewinnen.*
⟶ ***Wenn ich weiter trainiere,*** *werde ich wieder gewinnen.*

EXTRA

3.3 Nebensätze im Überblick

Subjektsatz (Nebensatz = Subjekt: **wer?** oder **was?**)		
	als Infinitivsatz	***Die Schatzkarte zu finden,*** *war meine Aufgabe.*
	als dass-Satz	***Dass das schwierig werden würde,*** *war sofort zu erkennen.*
	als indirekter Fragesatz	***Wie ich das Ziel erreichen konnte,*** *war mir nicht klar.*

Objektsatz (Nebensatz = Objekt, meist Akkusativobjekt: **wen?** oder **was?**)		
	als Infinitivsatz	*Er befahl mir,* ***die Gefangenen zu befreien.***
	als dass-Satz	*Er versprach,* ***dass er mich unterstützen würde.***
	als indirekter Fragesatz	***Wie das geschehen sollte,*** *erklärte er aber nicht.*

Adverbialsatz (Nebensatz = adverbiale Bestimmung: **warum?, wann?, wie?, wozu?, mit welcher Folge?, trotz welcher Einschränkung?**)

Art	einleitende Konjunktionen	Beispielsatz *Ich gehe ins Freibad, …*
Kausalsatz	*da, weil*	***weil ich mich dort mit meinen Freunden verabredet habe.***
Temporalsatz	*als, nachdem, bis*	***nachdem ich meine Hausaufgaben erledigt habe.***
Modalsatz	*indem, dadurch dass*	***indem ich mit dem Fahrrad in den Nachbarstadtteil fahre.***
Finalsatz	*damit*	***damit ich mich dort richtig entspannen kann.***
Konsekutivsatz	*dass, sodass*	***sodass ich etwas für meine Fitness tun kann.***
Konzessivsatz	*obwohl*	***obwohl für heute Nachmittag Regen angesagt ist.***
Konditionalsatz	*wenn, falls*	***wenn ich bis 16 Uhr die Hausaufgaben erledigt habe.***
Adversativsatz	*während, wohingegen*	***während mein Freund sein Referat vorbereiten muss.***

1 Wortarten

1 S. 7
flektierbar
Deklination: Adjektive, Substantive, Artikel, Pronomen, Numerale
Konjugation: Verben
unflektierbar
Adverbien, Präpositionen, Konjunktionen , Interjektionen

2 S. 8
(1) Interjektion, (2) Verb, (3) Artikel, (4) Substantiv, (5) Pronomen, (6) Verb, (7) Pronomen, (8) Verb, (9) Adverb, (10) Präposition, (11) Artikel, (12) Adjektiv, (13) Substantiv, (14) Pronomen, (15) Verb, (16) Artikel, (17) Substantiv, (18) Konjunktion, (19) Pronomen, (20) Substantiv

3 S. 8
sein ist ein **Verb** und *sein* ist ein **Pronomen.**

4 S. 9
deklinierbar: a), c), d), e), f), h), i), j), l)
konjugierbar: b)
unveränderlich: g), k)

5 S. 10
a) Unser Postbote wird „der **flinke** Fritz" genannt.
b) „Ich **liebe** Ferien!", schwärmte Kris.
c) „Diesmal fahren wir in die **Berge**."
d) Heute gehen **die Freunde** ins Kino.
e) Sie **schauen** sich den **spannenden** Fantasyfilm an.
f) Gestern **war** ich krank. Heute kann ich wieder zur **Schule** gehen.

6 S. 10
Dunkel war's, **der** Mond **schien** helle, als **ein** Auto **blitzeschnelle** langsam **um** die **Ecke fuhr.**

7 S. 11

Ey	Maja,	nun	komm",	ruft	Anne,	„es
Int	Sub	Adv	V	V	Sub	Pron

ist	der	erste	schöne	Tag	und	wir
V	Art	Num	Adj	Sub	Konj	Pron

wollen	an	den	Baggersee!"
V	Präp	Art	Sub

8 S. 11
a) seid: Verb; seit: Präposition
b) dass: Konjunktion; das (Fahrrad): Artikel; das (ich): Relativpronomen

9 S. 12

Lebewesen	Dinge	Begriffe
Hamster	Pulli	Liebe
Enkel	Motorrad	Ruhe
Pferd	Klavier	Verstand
Mensch	Haus	Hass
Tulpe	Klingel	Angst
Blaumeise	Schreibtisch	Abenteuer
Bruder	Geschenk	Anfang
Erdbeere	Kaffeetasse	Mut
Großmutter	Stofftier	Bewusstsein

10 S. 13
der Hamster – die Hamster, der Enkel – die Enkel, das Pferd – die Pferde, der Mensch – die Menschen, die Tulpe – die Tulpen, die Blaumeise – die Blaumeisen, der Bruder – die Brüder, die Erdbeere – die Erdbeeren, die Großmutter – die Großmütter, der Pulli – die Pullis, das Motorrad – die Motorräder, das Klavier – die Klaviere, das Haus – die Häuser, die Klingel – die Klingeln, der Schreibtisch – die Schreibtische, das Geschenk – die Geschenke, die Kaffeetasse – die Kaffeetassen, das Stofftier – die Stofftiere

11 S. 14
a) Genitiv
b) Dativ
c) Akkusativ
d) Nominativ

12 S. 14
Lösungsvorschlag:
b) dem alten Haus
c) der verschwundenen Briefe
d) das spannende Buch
e) die neuen Schuhe
f) der riesige Baum

13 S. 15
Fall (Kasus) – Geschlecht (Genus) – Ein- oder Mehrzahl (Numerus) – Zeitform (Tempus) – Ein- oder Mehrzahl (Numerus)

14 S. 15
a) Akkusativ
b) Genitiv
c) Nominativ
d) Dativ

15 S. 15
b) ohne einen Computer (Akkusativ)
c) nach dem Theaterstück (Dativ)
d) statt eines Wandertags (Genitiv)

e) seit den Ferien (Dativ)
f) gegen den Zaun (Akkusativ)

16 S. 16
bestimmter Artikel: der Fernseher, das Geschenk, die Schultüte, das Freibad, die Freundin, das Fenster, der Bildschirm, der Jahrgang, der Junge, die Klasse, das Gedicht, die Pause, der Osterhase, das Smartphone, die Gitarre
unbestimmter Artikel: ein Fernseher, ein Geschenk, eine Schultüte, ein Freibad, eine Freundin, ein Fenster, ein Bildschirm, ein Jahrgang, ein Junge, eine Klasse, ein Gedicht, eine Pause, ein Osterhase, ein Smartphone, eine Gitarre

17 S. 17

Tätigkeit/ Handlung	Vorgang/ Verlauf	Zustand
arbeiten	fallen	liegen
bauen	sinken	wohnen
singen	wachsen	bleiben
spielen	regnen	sein
malen	einschlafen	besitzen
essen	schneien	enthalten

18 S. 18

Infinitiv	Partizip I	Partizip II
lachen	lachend	gelacht
gehen	gehend	gegangen
schlafen	schlafend	geschlafen
denken	denkend	gedacht
tanzen	tanzend	getanzt
schütteln	schüttelnd	geschüttelt
lesen	lesend	gelesen
erzählen	erzählend	erzählt
hüpfen	hüpfend	gehüpft

19 S. 19

Personalform	Person und Numerus	Infinitiv
sie stürzt	3. Person Singular	stürzen
er sieht	3. Person Singular	sehen
sie ist	3. Person Singular	sein
ich werde	1. Person Singular	werden
ihr hattet	2. Person Plural	haben
sie log	3. Person Singular	lügen
du schreibst	2. Person Singular	schreiben
sie trafen	3. Person Plural	treffen
er grub	3. Person Singular	graben
sie bittet	3. Person Singular	bitten

Personalform	Person und Numerus	Infinitiv
ich lag	1. Person Singular	liegen
er bietet	3. Person Singular	bieten
ich rufe	1. Person Singular	rufen
sie laufen	3. Person Plural	laufen
wir waren	1. Person Plural	sein

20 S. 20
a) er/sie/es redet
b) wir sehen fern
c) ihr schreibt
d) du vergisst
e) ich streite
f) sie drehen um

21 S. 20
Lennart und Lara **besuchen** in den Osterferien einen Kurs zum Thema „Gärtnern und Pflanzen". Man kann dort **lernen,** wie man verschiedenen Pflanzen **zieht** und dann **einpflanzt.** Die Kursleiterin **erklärt** in solchen Kursen auch, wie man die verschiedenen Pflanzen **beschneiden** muss, damit sie auch im nächsten Jahr wieder Früchte **tragen.** Wichtig ist auch die Information, wann und wie man Obst und Gemüse **erntet.** Dieses Jahr werden die Kursteilnehmer zusätzlich **erfahren,** wie man Zucchini, Paprika und anderes Gemüse **zubereitet.**

22 S. 21
ich lese, du liest, er/sie/es liest,
wir lesen, ihr lest, sie lesen

23 S. 21
sie lacht – er schreibt – sie liegt – er geht – sie rennt – er ist – sie denkt – er bläst – sie rast – er weint – sie legt – er bittet – sie springt – er betet

24 S. 22
a) schrieb
b) bat/baten
c) hatte
d) ging
e) fand
f) lag/lagen
g) kletterten
h) wurdest
i) erschrak

25 S. 22
sehen – schreien – gewinnen – halten – heben – graben – rufen – laufen – schlagen – brennen

26 S. 23

er kletterte – sie tanzten – wir redeten – ihr setztet – du lerntest – sie holte – ich suchte – sie entfernte – ich kochte – er übte – sie liebte – ich kaufte – er fütterte – es rollte

27 S. 23

sie sah/sie sahen – wir hoben – sie verzieh/sie verziehen – sie fiel/sie fielen – ich befahl – wir verließen – du nahmst – er las – er bat – sie zog/sie zogen – sie empfahl/sie empfahlen – wir gaben – es geschah – er stieß – wir schrieben – er blieb

28 S. 24

Singular	Plural
ich habe gegessen du hast gegessen er/sie/es hat gegessen	wir haben gegessen ihr habt gegessen sie haben gegessen
ich bin gegangen du bist gegangen er/sie/es ist gegangen	wir sind gegangen ihr seid gegangen sie sind gegangen
ich habe gehört du hast gehört er/sie/es hat gehört	wir haben gehört ihr habt gehört sie haben gehört
ich bin geflogen du bist geflogen er/sie/es ist geflogen	wir sind geflogen ihr seid geflogen sie sind geflogen

29 S. 25

ich hatte gegessen du hattest gegessen er/sie/es hatte gegessen wir hatten gegessen ihr hattet gegessen sie hatten gegessen	ich war gegangen du warst gegangen er/sie/es war gegangen wir waren gegangen ihr wart gegangen sie waren gegangen
ich hatte gehört du hattest gehört er/sie/es hatte gehört wir hatten gehört ihr hattet gehört sie hatten gehört	ich war geflogen du warst geflogen er/sie/es war geflogen wir waren geflogen ihr wart geflogen sie waren geflogen

30 S. 26

ich werde, du wirst, er/sie/es wird, wir werden, ihr werdet, sie werden

31 S. 26

a) Wir werden morgen eine Mathearbeit schreiben.
b) Lisa wird am kommenden Freitag ins Kino gehen.
c) Meine Großeltern werden nächste Woche in den Urlaub fliegen.
d) Die 7d wird wohl ein Klassenfest feiern.
e) Ihr werdet uns übermorgen abholen müssen.

32 S. 27

a) Am Ende des Monats werden wir die Prüfung bestanden haben.
b) In wenigen Wochen wird das Kind geboren sein.
c) Bis zum Stichtag wird er seine Schulden beglichen haben.
d) Meine Freundin wird schon nach Hause gefahren sein.
e) Vielleicht werde ich mein Ziel in einem Jahr erreicht haben.

33 S. 28

a) war
b) verletzt, hatte
c) gehe
d) habe, erkundigt
e) werde, gehen
f) wird, untersucht, haben

Sportverletzung → Krankenhaus → Hausaufgaben → Heimkehr → Arztbesuch am folgenden Tag

34 S. 29

a) Plusquamperfekt
b) Präteritum
c) Perfekt
d) Präteritum
e) Präsens
f) Futur I
g) Präteritum
h) Perfekt
i) Futur I
j) Präteritum
k) Futur I
l) Präteritum
m) Präsens
n) Futur II

35 S. 29

a) bin
b) hatte
c) wird
d) wird ... haben
e) hat
f) war

36 S. 30
spielen, du spielst, du spieltest, du hast gespielt, du hattest gespielt, du wirst spielen, du wirst gespielt haben
schreiben, er schreibt, er schrieb, er hat geschrieben, er hatte geschrieben, er wird schreiben, er wird geschrieben haben
kommen, sie kommt, sie kam, sie ist gekommen, sie war gekommen, sie wird kommen, sie wird gekommen sein
haben, wir haben, wir hatten, wir haben gehabt, wir hatten gehabt, wir werden haben, wir werden gehabt haben
sein, es ist, es war, es ist gewesen, es war gewesen, es wird sein, es wird gewesen sein
sehen, ihr seht, ihr saht, ihr habt gesehen, ihr hattet gesehen, ihr werdet sehen, ihr werdet gesehen haben
laufen, sie laufen, sie liefen, sie sind gelaufen, sie waren gelaufen, sie werden laufen, sie werden gelaufen sein
schlafen, ich schlafe, ich schlief, ich habe geschlafen, ich hatte geschlafen, ich werde schlafen, ich werde geschlafen haben

37 S. 31
a) Plusquamperfekt
b) Präsens
c) Futur II
d) Präteritum
e) Perfekt
f) Präsens
g) Plusquamperfekt
h) Futur I

38 S. 31
a) Ich kam.
b) Der Bus war abgefahren.
c) Sie ist nach Rio geflogen.
d) Er zieht sich schnell an.
e) Wir werden gehen.
f) Ihr werdet zu spät gekommen sein.

39 S. 32
Gestern <u>haben</u> wir eine Deutscharbeit <u>geschrieben</u>. **Perfekt**
Thema der Arbeit <u>waren</u> Gedichte. **Präteritum**
Ich <u>hatte</u> vorher <u>geübt</u> und <u>wiederholt</u>. **Plusquamperfekt**
Jetzt <u>hoffe</u> ich auf ein gutes Ergebnis. **Präsens**
Nächste Woche <u>werden</u> wir die Arbeit <u>zurückbekommen</u>. **Futur I**
Unser Lehrer <u>wird</u> sie bestimmt gnädig <u>benotet</u> <u>haben</u>. **Futur II**

40 S. 32
a) 1. Person Singular: träumen
ich träume
ich träumte
ich habe geträumt
ich hatte geträumt
ich werde träumen
ich werde geträumt haben
b) 2. Person Singular: werfen
du wirfst
du warfst
du hast geworfen
du hattest geworfen
du wirst werfen
du wirst geworfen haben
c) 3. Person Singular: springen
er springt
er sprang
er ist gesprungen
er war gesprungen
er wird springen
er wird gesprungen sein
d) 2. Person Plural: sein
ihr seid
ihr wart
ihr seid gewesen
ihr wart gewesen
ihr werdet sein
ihr werdet gewesen sein

41 S. 33
a) Plusquamperfekt
Präteritum: Er wiederholte alle Übungen.
b) Präteritum
Perfekt: Es ist ihm schlecht gegangen.
c) Präsens
Futur I: Ich werde dich nächste Woche besuchen kommen.
d) Perfekt
Präsens: Ich verstehe.
e) Präsens
Perfekt: Er hat Hunger gehabt.

42 S. 34
Aktiv: c), e), f), g), i)
Passiv: a), b), d), h), j)

43 S. 35
<u>Aktiv</u>, *Passiv*
Vor einem Jahr <u>bin</u> ich dem Tischtennisverein <u>beigetreten</u>. Ich <u>wollte</u> mein Spiel <u>verbessern</u>. Ich *wurde* sofort von einem älteren Spieler *unterstützt*. Er <u>hat</u> mich intensiv <u>trainiert</u>. Beim ersten Auswärtsturnier *wurde* ich von ihm im Auto *mitgenommen*. Leider <u>bin</u> ich gleich in der ersten Runde <u>ausgeschieden</u>. Trotzdem <u>hat</u> er

LÖSUNGEN

mich gelobt, weil ich nicht gleich aufgegeben habe. Das Training *wurde* einige Wochen später *umgestellt*. Seitdem legen wir mehr Wert auf gute Kondition. Von Herrn Schröder, unserem Trainer, *wurde* ich gestern gerade *gelobt*, weil sich meine Ausdauer stark verbessert hat. Wir haben im Sommer ein richtiges Trainingslager abgehalten. Dort *wurde* jeden Tag kräftig Kondition und Spieltaktik *eingeübt*. Dieses Training hat sich bezahlt gemacht. Im letzten Punktspiel *sind* wir von keinem Gegner *geschlagen worden*. Das letzte Mal *wurde* ich von dem Vereinsmeister der benachbarten Landeshauptstadt *geschlagen*, aber unseren eigenen Meister habe ich schon zwei Mal besiegt.

44 S. 35
a) Passiv
b) Aktiv
c) Aktiv
d) Passiv
e) Passiv
f) Aktiv

45, 46 S. 36
Transitiv sind: verbessern, kaufen, kleben, parieren, schlagen, verlieren, empfehlen, unterschätzen, vorbereiten

47 S. 37
Damit mein Spiel verbessert wird, wurde von mir ein neuer Tischtennisschläger gekauft. Von dem Verkäufer in dem Sportgeschäft sind zwei verschiedene Beläge auf die beiden Schlägerseiten geklebt worden. Mit der schwarzen Seite werden von mir die Angriffe des Gegenspielers pariert. (...) Drei Gegner wurden geschlagen, zwei Spiele wurden verloren. Uns allen wurde vom Trainer empfohlen, dass die Gegner nicht unterschätzt werden. (...) Jedes Spiel wird von mir sorgfältig vorbereitet, (...).

48 S. 37
Der letzte Tante-Emma-Laden unserer Stadt **wird** von einer alten Dame **geführt.** Sie ist schon 76 Jahre alt, **fährt** aber immer noch jeden Morgen zum Großmarkt. Die Obstkisten allerdings **werden** ihr von einem netten Helfer ins Auto **getragen.** Jeden Tag pünktlich um 7 Uhr **schließt** sie den Laden **auf.** Am Wochenende **fährt** sie selber zu ihrer Tochter nach Bremen. Ab Montag **steht** sie dann wieder hinter der Ladentheke, und jeder Kunde **wird** eigenhändig von ihr **bedient.**

49 S. 38

Präsens	**Perfekt**	**Präteritum**
ich werde ermahnt	ich bin ermahnt worden	ich wurde ermahnt
du wirst ermahnt	du bist ermahnt worden	du wurdest ermahnt
er wird ermahnt	er ist ermahnt worden	er wurde ermahnt
wir werden ermahnt	wir sind ermahnt worden	wir wurden ermahnt
ihr werdet ermahnt	ihr seid ermahnt worden	ihr wurdet ermahnt
sie werden ermahnt	sie sind ermahnt worden	sie wurden ermahnt
Plusquamperfekt	**Futur I**	**Futur II**
ich war ermahnt worden	ich werde ermahnt werden	ich werde ermahnt worden sein
du warst ermahnt worden	du wirst ermahnt werden	du wirst ermahnt worden sein
er war ermahnt worden	er wird ermahnt werden	er wird ermahnt worden sein
wir waren ermahnt worden	wir werden ermahnt werden	wir werden ermahnt worden sein
ihr wart ermahnt worden	ihr werdet ermahnt werden	ihr werdet ermahnt worden sein
wie waren ermahnt worden	sie werden ermahnt werden	sie werden ermahnt worden sein

50 S. 39
a) Ein Modellschiff aus Papier wurde (war) von Alex gebastelt (worden).
b) Der Weg ist dem Autofahrer von einem freundlichen Polizisten erklärt worden.
c) Hanna, die im Rollstuhl sitzen muss, wird (ist) von Rabia gezogen (worden).
d) Ein Preis wird dem besten Aufsatzschreiber morgen von unserem Lehrer verliehen werden.
e) Die Spielregeln waren den Spielern von dem Schiedsrichter zu Spielbeginn erklärt worden.
f) Ein Geschenk wird von Julius nächste Woche seinem Freund gebracht werden.
g) Das Kreuzworträtsel wird (ist) von dir in Rekordzeit gelöst (worden).
h) Die eiskalte Limo wurde (war) von Janina und Nils mit einem Schluck heruntergestürzt (worden).

i) Das Tor wird (ist) von euch vier Jungs vorsichtig zurückgetragen (worden).

51 S. 40
a) Die Buchausstellung wird beendet. Die Buchausstellung ist beendet.
b) Das Fahrrad wird gekauft. Das Fahrrad ist gekauft.
c) Der Hund wird eingesperrt. Der Hund ist eingesperrt.

52 S. 41
a) Der Tischtennisschläger wird oft zwischen dem Daumen und dem Zeigefinger gehalten.
b) Dies wird „Penholder-Stil" genannt.
c) Der Ball wird häufig angeschnitten, sodass er eine Drehung bekommt.
d) Manchmal wird die Netzoberkante berührt.
e) Es wird laut geklatscht, um die Spieler zu unterstützen.
f) Manchmal wird der Gegner lautstark angesprochen, um ihn zu verwirren.
g) Nach dem Turnier werden die Sieger gefeiert.

53 S. 42

Infinitiv	Imperativ Singular	Imperativ Plural
lachen	lache	lacht
tanzen	tanze	tanzt
beißen	beiß	beißt
retten	rette	rettet
geben	gib	gebt
helfen	hilf	helft
spielen	spiel	spielt
vergessen	vergiss	vergesst
essen	iss	esst
öffnen	öffne	öffnet
rechnen	rechne	rechnet
teilen	teile	teilt

54 S. 43

Indikativ Präsens	Konjunktiv I Präsens
ich gehe	ich gehe
du gehst	du gehest
er/sie/es geht	er/sie/es gehe
wir gehen	wir gehen
ihr geht	ihr gehet
sie gehen	sie gehen

55 S. 44
a) Schon vor fünf Jahren hat mir mein Vater erklärt, dass er überhaupt keinen Sport möge.
b) Da sagte ich zu ihm, da entgehe ihm einiges.
c) Er antwortete mir, dass er sich eben für andere Dinge interessiere.

56 S. 44
a) „Geht mir aus den Augen!"
b) „Setz deinen Fahrradhelm auf."
c) „Bitte lass mich Platz nehmen."

57 S. 45
a) Er führt sich auf, als wäre er der König von England.
b) Hätte ich genug geübt, wäre meine Arbeit nicht so schlecht ausgefallen.
c) Ich wünschte, wir hätten die Klassenarbeit schon geschrieben.
d) Es sieht so aus, als ob wir das Schlimmste noch vor uns hätten.
e) Hätten wir den Wetterbericht ernst genommen, wären wir nicht so nass geworden.
f) Stell dir vor, morgen wäre dein Geburtstag.

58 S. 46
Sie sagt, sie käme. – Sie sagt, du kommest. – Sie sagt, er komme. – Sie sagt, wir kämen. – Sie sagt, ihr kämt. – Sie sagt, sie kämen.
Sie sagt, sie habe gegessen. – Sie sagt, du habest gegessen. – Sie sagt, sie habe gegessen. – Sie sagt, wir hätten gegessen. – Sie sagt, ihr hättet gegessen. – Sie sagt, sie hätten gegessen.

59 S. 47
Er behauptet, ...
a) ... er erbe viel Geld.
b) ... er höre nicht zu.
c) ... sie kämen morgen.
d) ... sie sei hilfsbereit gewesen.
e) ... ich hätte dich nicht beleidigt.
f) ... er sei der beste Sportler seiner Schule.
g) ... sie dürfe hierbleiben.
h) ... er wohne wieder zu Hause.
i) ... er werde mir die Wahrheit sagen.
j) ... sie seien auch dort.

60 S. 48

Indirekte Rede (Konjunktiv I bzw. Konjunktiv II) Er meint ...	Wunsch (Konjunktiv II bzw. Umschreibung mit „würde") Ich wünsche mir, ...
sie habe gut gesungen.	sie hätte gut gesungen.
ich hätte Mut.	ich hätte Mut.

LÖSUNGEN

Indirekte Rede (Konjunktiv I bzw. Konjunktiv II) Er meint ...	Wunsch (Konjunktiv II bzw. Umschreibung mit „würde") Ich wünsche mir, ...
wir kämen nicht.	wir kämen nicht.
du könntest zusehen.	du könntest zusehen.
er lerne ihn kennen.	er würde ihn kennenlernen.
wir seien rechtzeitig gekommen.	wir wären rechtzeitig gekommen.
er wolle die Arbeit schaffen.	er würde die Arbeit schaffen wollen.
sie hätten Glück.	sie hätten Glück.
du seist mir behilflich.	du wärst mir behilflich.
bald beginne der Film.	bald begänne/ begönne der Film.

61 S. 49

Wenn ich morgen eine Zusage von der Band „Fire and Ice" erhielte, würde ich mein Leben ändern. Ich würde dann nicht mehr auf meine Eltern hören, sondern das machen, was ich für richtig hielte. Die Ausbildung zum Schneider gäbe ich auf. Stattdessen finge ich als Schlagzeuger bei der Band „Fire and Ice" an. Ich würde mein Konto plündern, um mir ein erstklassiges Schlagzeug zu kaufen. Mit meiner Freundin würde ich Schluss machen. Meine kleine, preiswerte Wohnung würde ich kündigen. Ich ginge mit „Fire and Ice" auf Tournee. Ich würde ein Leben als bekannter Musikstar führen.

62 S. 49

a) Hätte ich genug geübt, wäre die Klassenarbeit nicht mangelhaft gewesen.
b) Wäre ich nicht so langsam zum Bahnhof gebummelt, hätte ich meinen Zug nicht verpasst.
c) Hätte mein Vater das Angebot nicht übersehen, hätte er mir das neue Smartphone gekauft.
d) Hätte unsere Mannschaft nicht die besten Chancen vergeben, hätte sie das Endspiel nicht verloren.
e) Hätten wir gestern den Wetterbericht zur Kenntnis genommen, wären wir bei unserer Radtour nicht in heftigen Regen geraten.

63 S. 50

a) Ginge es den Nationalspielern nur ums Geld, hätten sie an der Europameisterschaft nicht teilzunehmen brauchen. – Es geht ihnen aber nicht nur ums Geld!
b) Wären wir doch an einen anderen Urlaubsort gefahren! – Wir sind aber hierher gefahren.
c) Das soll Heiner wirklich über mich gesagt haben? – Indikativ (falscher Satz)
d) Ich habe den aufrichtigen Wunsch, dass ich alles rückgängig machen könnte. – Das kann ich aber nicht.
e) Würden doch alle neugierigen Gaffer zu Hause bleiben! – Sie bleiben aber nicht zu Hause.
f) Herbert ist arm, tut aber so, als ob er viel Geld hätte. – Er hat aber kein Geld.
g) Ich ginge ins Kino, wenn ich Zeit hätte. – Ich habe aber keine Zeit.
h) Wir würden ins Kino gehen, wenn wir Zeit hätten. – Wir haben aber keine Zeit.
i) Ihr streitet euch, als ob ihr kleine Kinder wärt. – Ihr seid aber schon erwachsen.
j) Ich denke, du würdest lieber arbeiten, als hier zu Hause zu sitzen. – Du sitzt aber hier zu Hause.

64 S. 51

a) darf – Verbot
b) kann – Fähigkeit
c) will – Abneigung
d) muss – Wunsch

65 S. 52

Auf jeden Fall ist es bald so weit. Die Zeit wird womöglich langsam knapp. Isolde läuft unruhig in der Wohnung umher. Ihr Mann muss einfach rechtzeitig erscheinen. Er wird ihr sicherlich beistehen. Bis zur Geburt wird nicht mehr viel Zeit vergehen. Dann ein Knarren. „Sicherlich ist es Knut", denkt Isolde. Die Tür geht auf und ihr Mann kommt herein. „Wir müssen schnell die Hebamme rufen!", sagt er aufgewühlt. „Die ist höchstwahrscheinlich schon unterwegs", beruhigt ihn Isolde, „du solltest versuchen, ein wenig ruhiger zu werden." Er sieht mitgenommen aus, wahrscheinlich von der wilden Autofahrt nach Hause. „Es wird eine ganz normale Geburt werden, du sollst dir keine Sorgen machen", versucht Isolde ihren Mann zu beruhigen. „Aber was, wenn die Hebamme es nicht mehr rechtzeitig zur Geburt schaffen wird?" Isolde entgegnet: „Das wird schon nicht passieren, und es darf eigentlich auch nicht vorkommen. Gewiss ist sie pünktlich." „Entschuldige, aber diese Geburt kann mich noch völlig verrückt machen, ich möchte eigentlich gelassener sein! Ich werde bei dir sein!" Knut hält Isoldes Hand, als die Hebamme kommt.

66 S. 53
a) Ich lese gerade ein richtig **gutes** Buch.
b) Es ist nicht nur eine sehr **spannende** Geschichte, sondern auch ein äußerst **interessantes** Thema.
c) Gestern habe ich im Kino einen **langweiligen** Film gesehen, aber wenigstens gab es ein **leckeres** Eis.
d) Heute ist ein **kalter** Tag. Deshalb ziehe ich meine **neue** Winterjacke an.
e) Jakob hat seiner Mutter zum Geburtstag einen **köstlichen** Kuchen gebacken. Von seinem Vater hat sie eine **wertvolle** Kette bekommen.
f) Unser **treuer** Kater Findus ist verschwunden. Wir haben schon überall nach unserem **frechen** Mitbewohner gesucht.

67 S. 54
Einzahl: Singular; Mehrzahl: **Plural;** 1. Fall: Nominativ, 2. Fall: **Genitiv,** 3. Fall: **Dativ,** 4. Fall: **Akkusativ**
der schöne Tag – die schönen Tage
des schönen Tages – der schönen Tage
dem schönen Tag – den schönen Tagen
den schönen Tag – die schönen Tage

das alte Auto – die alten Autos
des alten Autos – der alten Autos
dem alten Auto – den alten Autos
das alte Auto – die alten Autos

das kleine Kind – die kleinen Kinder
des kleinen Kindes – der kleinen Kinder
dem kleinen Kind – den kleinen Kindern
das kleine Kind – die kleinen Kinder

der dichte Wald – die dichten Wälder
des dichten Waldes – der dichten Wälder
dem dichten Wald – den dichten Wäldern
den dichten Wald – die dichten Wälder

68 S. 55
a) fein, feiner, am feinsten
b) dunkel, dunkler, am dunkelsten
c) scharf, schärfer, am schärfsten
d) groß, größer, am größten
e) total: kann nicht gesteigert werden
f) lang, länger, am längsten
g) hoch, höher, am höchsten
h) nah, näher, am nächsten
i) viel, mehr, am meisten
j) jährlich: kann nicht gesteigert werden

69 S. 55
Lösungsvorschlag: falsch, schwanger, minimal, rund, einzig, westfälisch, eisern, rot, fertig, lauwarm, lebendig, mündlich, viereckig, ...

70 S. 56
a) **Sie** spielen zusammen Fußball.
b) **Sie** geht jeden Tag zum Joggen.
c) Der Ausflug hat **ihnen** überhaupt nicht gefallen.
d) **Sie** hat **ihn** angerufen.
e) Mein Onkel hat seit Neuestem einen Hund. Nun möchte **er ihn** mit in den Urlaub nehmen.
f) Im Freizeitpark waren wir besonders begeistert von **ihr.**
g) Linas kleiner Bruder möchte einen Hamster. Seine Eltern sagen aber, dass **er** sich selbst um das Tier kümmern muss.
h) Ich habe **sie** noch nie hier gesehen.
i) **Sie** freuen sich auf das Landschulheim.

71 S. 57
Guten Tag! Darf **ich mich** vorstellen? **Mein** Name ist Anton Kowalski und **ich** bin **euer** neuer Basketballtrainer. **Ich** freue **mich** sehr, dass **ich** bei **euch** sein darf!
Beim nächsten Training haben **wir** viel vor. **Ihr** müsst auf jeden Fall **euer** Ballgefühl trainieren und manche von **euch** müssen an **ihrer** Schnelligkeit arbeiten.
Im Großen und Ganzen seid **ihr** aber eine tolle Truppe und **ich** freue **mich** schon darauf, mit **euch** beim nächsten Turnier in Grumbach mitzumachen.
Mein Co-Trainer und ich haben viele Ideen. **Wir** werden für jeden von **euch** einen Trainingsplan erstellen und freuen **uns** schon darauf, mit **euch** loszulegen. Packen **wir** es an!

72 S. 58
a) Moritz kauft sich einen neuen Roller.
b) Wieso machst du dir immer Sorgen über die Noten?
c) Ich freue mich auf die Ferien mit dir.
d) Er wünscht sich ein großes Geburtstagsfest.
e) Du musst dir das Nägelkauen abgewöhnen.
f) Wir ärgern uns über das Ergebnis der Klassensprecherwahl.
g) Er bedankt sich bei seinen Freunden.
h) Warum kannst du dich nicht entscheiden?
i) Wir sehen uns einen Film an.

73 S. 59

a) das – jener – dieses

b) Ich möchte diese Hose kaufen.

c) Sie können das Substantiv eines Satzes ersetzen.

d) dieses – jenes, das – dieses

74 S. 60

a) PE, RE – b) DE, PO, PE – c) DE – d) RE, PE – e) PE, PE – f) PO, PE – g) PE, DE – h) DE, PO, RE – i) PE, PE – j) DE, PE

75 S. 60

Ich weiß aber nicht, wie **das Mädchen** heißt, **das** heute neu in unsere Klasse kam. Denn als Frau Sander **es** vorgestellt hat, habe ich nicht zugehört. Vorhin habe ich aber **sein** Fahrrad vor dem Nachbarhaus gesehen.

76 S. 61

N	M	**J**	**E**	**M**	**A**	**N**	**D**	Q	X	O	F
I	T	B	H	G	**L**	R	M	C	L	U	**E**
E	A	M	X	D	**L**	V	O	H	U	B	**T**
M	V	F	J	P	**E**	X	T	K	D	R	**W**
A	Q	C	N	I	**S**	M	G	Z	P	N	**A**
N	G	O	B	S	V	**N**	**I**	**C**	**H**	**T**	**S**
D	K	D	W	**M**	G	Y	M	P	S	S	K
L	P	M	Q	**A**	J	T	H	Z	Q	F	R
I	**R**	**G**	**E**	**N**	**D**	**J**	**E**	**M**	**A**	**N**	**D**

a) Das Buch muss **man** gelesen haben.

b) Habt ihr **etwas** Essbares im Haus?

c) Du musst **jemanden** fragen, der sich damit auskennt.

d) Ich weiß, dass ich **nichts** weiß.

e) Muss ich denn immer **alles** alleine machen?

f) **Irgendjemand,** ich weiß nicht wer, hat mir ein Geschenk gebracht.

g) **Niemand** ist eine Insel.

78 S. 63

a) Unsere Turnlehrerin hat **mit** (modal) ihrem Mann ein Trainingscamp **im** (lokal) Schwarzwald für uns organisiert.

b) **Während** (temporal) der Busfahrt saß ich **hinter** (lokal) Anna und **neben** (lokal) Jana.

c) Die Jugendherberge **am** (lokal) See erreichten wir **nach** (temporal) zwei Stunden.

d) Wir trainierten **vor** (temporal) dem Frühstück eine Stunde und **nach** (temporal) dem Mittagessen zwei Stunden.

e) Wir hatten **dank** (kausal) unserer Trainerin viel Spaß **während** (temporal) dieser Tage.

79 S. 63

a) Sie liebt es, **in** die Musikschule zu gehen. → Akkusativ

b) Die 7 d und die 7 a hatten Streit **auf** dem Pausenhof. → Dativ

c) Er sitzt mal wieder **zwischen** den Stühlen. → Dativ

d) **Statt** einer großen Torte backen wir einen kleinen Kuchen. → Genitiv

e) **Während** des Unterrichts bleibt das Handy aus. → Genitiv

f) Das mache ich nur **mit** dir. → Dativ

g) **Nach** mir die Sintflut. → Dativ

h) **Für** dich lege ich meine Hand ins Feuer. → Akkusativ

80 S. 64

a) In dem Moment, **als** ich die Haustür hinter mir zuzog, fing es an zu regnen.

b) Ich beeilte mich, **weil** ich spät dran war.

c) **Obwohl** es erst vier Uhr war, dunkelte es bereits.

d) Ich schützte mich vor dem Regen, **indem** ich dicht an den Häuserwänden entlanglief.

e) **Während** ich an der Ampel wartete, überquerten viele Passanten bei Rot den Fußgängerüberweg.

f) Ich hatte mich so beeilt, **dass** ich völlig außer Puste war.

g) **Nachdem** ich dreimal geklingelt hatte, gab ich auf.

81 S. 65

Lösungsvorschlag:

a) **Obwohl** ich gründlich geübt hatte, machte ich viele Fehler in der Arbeit.

b) Ich war ganz unkonzentriert in der Schule, **weil** ich schlecht geschlafen hatte.

c) **Während** wir die Arbeit schrieben, saß der Lehrer vorn und las Zeitung.

d) Der Lehrer bestrafte die Klasse, **indem** er den nächsten Ausflug strich.

82 S. 65

a) das (Artikel)

b) das (Relativpronomen)

c) das (Demonstrativpronomen)

d) dass (Konjunktion)

83 S. 66

Adjektive und Adverbien werden oft verwechselt. So kannst du sie unterscheiden: **Adjektive** beschreiben eine **Person** oder Sache näher,

Adverbien beschreiben die näheren **Umstände** einer **Handlung** oder eines Zustands. Der wichtigste Unterschied zwischen **Adjektiven** und **Adverbien** ist: Adverbien sind **unveränderlich.** Ein weiterer Unterschied ist: Die meisten Adverbien lassen sich nicht **steigern.** Einige wenige greifen aber auf andere, veränderbare Wörter zurück, um Steigerungsformen zu bilden, zum Beispiel: sehr – **mehr** – **am meisten** oder gern – **lieber** – **am liebsten.**

84, 85 S. 67

lokal (Ort)	**temporal (Zeit)**	**modal (Art und Weise)**	**kausal (Grund)**
links	morgen	glücklicherweise	darum
rechts	donnerstags	zusammen	deshalb
dort oben	gestern	hoffentlich	notfalls

86 S. 68

Am Wochenende will Alexander **fünf** (5) Freunde einladen, um mit ihnen im Garten seiner Eltern eine Party zu feiern. Der **erste** (1) Gast soll als Überraschung einen Kinogutschein bekommen. Amira klingelt als **Erste** (1), weil sie Alexanders Nachbarin ist und den kürzesten Weg hat. Dann kommt Jonas, er klingelt **sieben** (7) Mal. Die **Fünfte** (5) und Letzte ist Marla, weil sie den Bus verpasst hat.

	Grundzahl	**Ordnungszahl**	**Vervielfältigungszahl**
1	eins	erste	einfach
5	fünf	fünfte	fünffach
7	sieben	siebte	siebenfach

87 S. 69

Empfindung: brr, oh, aua, hurra, igitt, pfui, wow
Aufforderung: basta, dalli dalli, pst, he
Laute: hatschi, miau, tatütata, ticktack,wuff wuff, rums, peng
Gespräch am Laufen halten: hm, aha, bitte?, genau

88 S. 70

a) Ist es wahr? Deine **Große** wird schon 17?
b) Es war viel **Altes** und wenig **Neues** dabei.
c) Vor dem **Schwimmen** muss man duschen.
d) Das **Drängeln** auf dem Pausenhof ist verboten.
e) Die **Dreizehn** fährt bis zum Bahnhof.
f) Ist das ein **Er** oder eine **Sie?**
g) Wir leben im **Hier** und **Heute.**
h) Mit einem kräftigen **Rums** fiel er zu Boden.

89 S. 70

a) Dein ewiges **Motzen** nervt mich total.
b) Ich habe dich zum **Fressen** gern.
c) Etwas **Schöneres** kann ich mir nicht vorstellen.
d) Im **Großen** und **Ganzen** bin ich zufrieden.

90 S. 71

a) vor: Präposition, gestern: Adverb, dass: Konjunktion
b) Verb
c) Präposition

91 S. 71

a) Fall: Kasus
b) Zeitform: Tempus
c) Geschlecht: Genus
d) 3. Fall: Dativ
e) 2. Steigerungsstufe von Adjektiven: Komparativ
f) Einzahl: Singular

92 S. 71

Er (Nominativ) gab ihm (Dativ) den Ball (Akkusatlv).

2 Wortbildung

1 S. 72

Zu-schuss – Auf-gabe – Ab-leitung – Ein-gang – Ver-kauf – Ent- schluss
Lösungsvorschlag: Zugabe, Zuleitung, Zugang, Aufgang, Aufschluss, Abgabe, Abgang, Abschluss, Eingabe, Einkauf, Vergabe, Verschluss, Abschuss, Einschuss

2 S. 72

a) die Schönheit
b) die Fähigkeit
c) der Reichtum
d) die Verwandtschaft
e) die Einsamkeit
f) die Dunkelheit
g) wunderlich, wunderbar, wunderschön
h) furchtbar, furchtsam, furchtlos
i) ärgerlich
j) traumhaft, traumvoll
k) windig, windstill, windlos
l) freundlich

3 S. 73
Lösungsvorschlag:
stimm: stimmen, zustimmen, abstimmen, verstimmen, verstimmt, anstimmen, überstimmen, einstimmen, bestimmen, Zustimmung, Abstimmung, stimmhaft, stimmlos, stimmlich, stimmig, Stimmung, Bestimmtheit ...
trau: trauen, zutrauen, vertrauen, anvertrauen, betrauen, (das) Zutrauen, traulich, Trauung, Misstrauen, misstrauisch ...

4 S. 73
VER – Präfix
URTEIL – Wortstamm
UNG – Suffix

5 S. 74
c, e, f, i, j, l
Lösungsvorschlag: Einsamkeit, Dunkelheit, Finsternis, Traurigkeit, Eigentum, Beteiligung

6 S. 74
Lösungsvorschlag: verlieren, verschicken, verlaufen, verbessern, verhungern, verkaufen, verbieten, vergehen, verstecken, verschwenden

7 S. 75
Lösungsvorschlag: wegsehen, zusehen, nachsehen, durchsehen, vorsehen, übersehen, absehen

8 S. 75
a) Neuigkeit
b) Ereignis
c) Eigenschaft
d) Heiterkeit
e) Versäumnis
f) Führung
g) Geheimnis
h) Fähigkeit

9 S. 75
Eigen-: Eigenheit, Eigentum, Eigenschaft

10 S. 76
der Englischlehrer, der Autofahrer, das Gasthaus, das Klettergerüst, der Adventskranz, die Brillenschlange, der Freundeskreis, das Schmerzensgeld

11 S. 77
spindeldürr – haushoch – staubtrocken – taghell – wunderschön – riesengroß – stocksteif – eiskalt – geistreich – blitzschnell – handfest – butterweich – zitronengelb – himmelblau

12 S. 77
a) Fahrrad, Glücksrad, Vorderrad, Zahnrad, Ersatzrad, Motorrad, Lenkrad
b) Amtsgericht, Lieblingsgericht – Eingangstor, Ausgleichstor – Jugendgruppenleiter, Strickleiter, Karriereleiter, Wärmeleiter

13 S. 78
DNS: Desoxyribonukleinsäure
Assistent: Assi
Global Positioning System: GPS
App: Application
Mathematik: Mathe
NATO: North Atlantic Treaty Organization
Schiedsrichter: Schiri
High Definition Television: HDTV
LED: light emitting diode
Volkswagen: VW
Azubi: Auszubildender
Demo: Demonstration
Kindertagesstätte: Kita
Abitur: Abi

14 S. 79
sagen: sprechen, meinen, rufen
hier: an dieser Stelle
ängstlich: furchtsam
sich setzen: sich niederlassen, Platz nehmen
super: toll, klasse, stark
begegnen: treffen
bedeutend: wichtig
still: leise, unscheinbar, ruhig
und: sowie
gehen: schreiten, spazieren, laufen
Bild: Gemälde (oder auch: Zeichnung, Foto)
Computer: Rechner
regnen: gießen, schütten
Haus: Gebäude
etwas: ein bisschen
leise sprechen: flüstern
ungenau: vage
wütend: zornig, sauer
groß: riesig, gewaltig
Idee: Einfall
nass: feucht
krumm: gebogen
antworten: erwidern
nur: lediglich, bloß
vielleicht: möglicherweise, unter Umständen, eventuell
streiten: zanken, raufen, diskutieren

15 S. 80

gehen	sehen	machen
hasten	schauen	handeln
schlendern	betrachten	erledigen
laufen	beobachten	fertigen
stapfen	blicken	verrichten
spazieren	gaffen	herstellen
schreiten	mustern	zubereiten
marschieren	besichtigen	ausüben
wandern	spähen	durchführen
bummeln	entdecken	leisten

16 S. 80
Lösungsvorschlag:
sagen: meinen, reden, sprechen, entgegnen, äußern, benennen
fragen: erkundigen, nachfragen, wissen wollen, erfragen, bitten, anfragen
schwimmen: kraulen, baden, planschen, tauchen, Wasser treten, Bahnen ziehen

17 S. 81

A	B	B	A	U	E	N	R	W	Z	U	G	M	O	U
U	P	F	L	N	H	C	B	E	J	H	E	F	F	M
F	A	H	R	S	C	H	E	I	N	S	H	A	G	Z
Z	L	C	I	S	R	B	B	K	W	E	O	H	G	I
I	D	H	C	U	M	B	A	U	A	A	L	R	E	E
E	H	A	U	S	B	A	U	A	T	B	F	T	F	H
H	E	L	F	E	R	L	E	G	E	F	E	P	Ä	E
E	I	S	E	W	A	N	N	S	P	U	N	S	H	N
N	V	E	R	Z	O	G	E	N	G	H	M	T	R	K
X	L	P	H	I	L	F	S	B	E	R	E	I	T	F
H	I	L	F	L	O	S	I	G	K	E	I	T	H	S

Wortfamilie 1: abbauen, bebauen, Umbau, Hausbau
Wortfamilie 2: Zug, aufziehen, verzogen, umziehen
Wortfamilie 3: Fahrschein, Fahrt, Gefährt, Abfuhr
Wortfamilie 4: Helfer, hilfsbereit, Hilflosigkeit, geholfen

18 S. 82
ARM: der Arm/arm sein
LEHRE: Berufsausbildung/Schullehre/Theorie
SIEBEN: die Zahl 7/etwas sieben
STEUER: das Lenkrad/die Abgabe an den Staat
TAU: das Seil/der Morgentau
FEST: das Fest/fest
GEFAHREN: die Gefahr/Partizip Perfekt von fahren
BAUER: der Landwirt/der Vogelbauer
NAGEL: der Nagel/der Fingernagel
ROLLE: die Rolle Papier/die Rolle des Schauspielers
MARKE: die Hundemarke/Handelsmarke

20 S. 83
klein – groß, hell – dunkel, Frau – Mann, Hass – Liebe, verlieren – gewinnen, kalt – warm

21 S. 83
importieren – exportieren, einstellen – kündigen, annehmen – ablehnen, geben – nehmen, anordnen – ausführen, begrüßen – verabschieden, gelingen – misslingen, überreichen – entgegennehmen, liefern – bestellen

3 Satzglieder

1 S. 84
Ein Computerspiel schenkt Felix seinem Freund Tobias zum Geburtstag.
Zum Geburtstag schenkt Felix seinem Freund Tobias ein Computerspiel.
Seinem Freund Tobias schenkt Felix zum Geburtstag ein Computerspiel.

2 S. 85
Anton und Miki | tragen | einen Wanderrucksack.
Er | sagte | es | ihm | sofort.
Luuk | besiegte | seine Mutter | beim Tischtennisspiel.
Nach den Ferien | gratulierte | er | ihm | zum Geburtstag.

3 S. 85
Lösungsvorschlag:
a) Sie / Die Spielerinnen / Lisa und Luna
b) gaben / überreichten / überließen
c) ihm / dem Ballkünstler
d) ein Ticket / einen Gutschein
e) für das Endspiel / für das Finale

4 S. 86
Lösungsvorschlag:
a) Schriftsteller möchte mein Bruder werden.
b) Jeden Tag schreibt er lange Texte in sein Tagebuch.
c) Diese Texte zu lesen, erlaubt er mir aber nicht.

d) „Mein Tagebuch geht keinen anderen Menschen etwas an“, sagt er. / „Keinen anderen Menschen geht mein Tagebuch etwas an“, sagt er.
e) „Auch nicht meinen kleinen Bruder!“

5 S. 86
Lösungsvorschlag:
Mein Bruder möchte Schriftsteller werden. Jeden Tag schreibt er lange Texte in sein Tagebuch. Diese Texte zu lesen, erlaubt er mir aber nicht. „Mein Tagebuch geht keinen anderen Menschen etwas an“, sagt er, „auch meinen kleinen Bruder nicht!“

6 S. 87
a) Für die Kirmes bauen **die Schausteller** schon früh am Morgen die große Achterbahn auf.
Frage: Wer baut die große Achterbahn auf?
b) Kurz darauf treffen **die Gastronomen** ein, um die Imbissbuden aufzustellen.
Frage: Wer trifft kurz darauf ein?
c) **Der Festplatz** wurde in den vergangenen Wochen gemeinschaftlich von städtischen Mitarbeitern und Schaustellern vorbereitet.
Frage: Was wurde in den vergangenen Wochen vorbereitet?
d) Jetzt warten **alle** gespannt auf die ersten Gäste.
Frage: Wer wartet gespannt auf die ersten Gäste?

7 S. 88
a) Die Fete beginnt um acht Uhr.
b) Niemals würde er sich bei der Lehrerin entschuldigen!
c) Hat sie es ihm gesagt?
d) Ab heute sind Ferien!
e) Die Schneeballschlacht hatte er gewonnen.
f) Der Schiedsrichter gratuliert dem Sieger.
g) Vor der Tür sitzt eine Katze.

8 S. 88
Wir haben unsere Waren auf dem Schulbasar angepriesen.
Gestern Abend traf ich Lennys Schwester im Kino.
Heute hat sich die Sonne den ganzen Tag nicht blicken lassen.
Die Schüler werden vom Schulleiter für ihren Einsatz gelobt.
Die Überraschungsparty war ein voller Erfolg.
Nach dem Essen werde ich immer so müde.
Der Mechaniker überprüfte zunächst die Bremsen.
Den Motor schaute er ebenfalls an.

9 S. 89
a) Der Schulsprecher begrüßt die Festversammlung.
Die Lehrer und Lehrerinnen begrüßen die Festversammlung.
b) Er hatte den Stift seines Banknachbarn genommen.
Heute wird er den Stift seines Banknachbarn nehmen.
c) Ist die Angelegenheit geklärt?
Habt ihr die Angelegenheit miteinander geklärt?
d) Der Wecker hatte nicht geklingelt.
Ich hoffe, dass der Wecker morgen früh nicht klingelt.

10 S. 89
Subjekt, *Prädikat*
a) Herr Müller *ist angekommen.*
b) *Kocht* das Wasser?
c) Das Schiff *wird kommen.*

11 S. 90
a) Ich **habe** einen fürchterlichen Muskelkater.
b) **Kommst** du heute zum Karatetraining?
c) Habt ihr meine Schwester **gesehen?**
d) Wir wollen am Nachmittag Plätzchen **backen.**
e) Unser Deutschlehrer **hat** vorhin ein Diktat für morgen **angekündigt.**
f) Meine Mutter **schimpft** jedes Mal über die Unordnung in meinem Zimmer.
g) Der Maler **hat** gestern unsere Wände neu **gestrichen.**
h) Mittwochs **essen** sie immer zusammen in der Mensa.

12 S. 90
Lösungsvorschlag:
Der Bus kommt. Der Bus kommt in zwei Stunden.
Die Mannschaft trainiert. Die Mannschaft trainiert heute auf dem neuen Sportplatz.
Die Blumen blühen. Die Blumen blühen im Frühling.
Die Tür geht auf.

13 S. 91
Die Chormitglieder singen ein Lied.
Der Lehrer stellt eine Frage.
Ich danke dir.
Wir gehen nach Hause.
Der Koch bereitet das Essen zu.

14 S. 92

a) Mein Opa hat einen kleinen Hund. Er heißt Knuddel.
Wen oder was hat Opa?

b) Der ungewöhnliche Kläffer frisst am liebsten Nudeln mit Soße.
Wen oder was frisst der ungewöhliche Kläffer am liebsten?

c) Mein Opa hat im Garten eine riesige Hundehütte gebaut.
Wen oder was hat mein Opa gebaut?

d) Er hat ein Kissen und einen riesigen Plastikknochen hineingelegt.
Wen oder was hat er hineingelegt?

e) Knuddel hat die Sachen aber in die Küche getragen.
Wen oder was hat er in die Küche getragen?

f) Mein Opa hat sie immer wieder zurückgebracht.
Wen oder was hat er zurückgebracht?

g) Doch Knuddel blieb hartnäckig und hat seinen Schlafplatz verteidigt.
Wen oder was hat er verteidigt?

h) Mein Opa hat aufgegeben und die Hundehütte wieder abgebaut.
Wen oder was hat er wieder abgebaut?

i) Nun haben beide einen Lieblingsplatz in der Küche.
Wen oder was haben die beiden in der Küche?

15 S. 93

a) Mein Nebensitzer hat **eine Strafarbeit** bekommen.
b) Ich schreibe **einen Brief.**
c) Sie hat **den schweren Rucksack** getragen.
d) Er bügelt **die Wäsche.**
e) **Den Hund** habe ich gestreichelt.
f) Sie küsst **das Kind.**

16 S. 93

Mein Nebensitzer: Subjekt, hat ... bekommen: Prädikat; eine Strafarbeit: Akkusativobjekt
Ich: Subjekt, schreibe: Prädikat, einen Brief: Akkusativobjekt
Sie: Subjekt, hat ... getragen: Prädikat, den schweren Rucksack: Akkusativobjekt
Er: Subjekt, bügelt: Prädikat, die Wäsche: Akkusativobjekt
Den Hund: Akkusativobjekt, habe ... gestreichelt: Prädikat, ich: Subjekt
Sie: Subjekt, küsst: Prädikat, das Kind: Akkusativobjekt

17 S. 94

a) Der Bus nahm **dem Radfahrer** die Vorfahrt.
Wem nahm der Bus die Vorfahrt?

b) Der Kater Findus legte **seinem Besitzer** eine Maus vor die Haustür.
Wem legte der Kater eine Maus vor die Haustür?

c) Die Schüler verkauften **den Besuchern** beim Schulbasar ihre Arbeiten aus dem Kunstunterricht.
Wem verkauften die Schüler ihre Arbeiten?

d) Die Schülerin zeigte **dem Schaffner** ihre Fahrkarte.
Wem zeigte die Schülerin ihre Fahrkarte?

e) Jette schenkt **ihrer Freundin** das Surfbrett, das sie nicht mehr braucht.
Wem schenkt Jette das Surfbrett?

18 S. 95

a) Wen oder was nahm der Bus dem Radfahrer? Die Vorfahrt.
b) Wen oder was legte der Kater seinem Besitzer vor die Haustür? Eine Maus.
c) Wen oder was verkauften die Schüler den Besuchern? Ihre Arbeiten aus dem Kunstunterricht.
d) Wen oder was zeigte die Schülerin dem Schaffner? Ihre Fahrkarte.
e) Wen oder was schenkt Jette ihrer Freundin? Das Surfbrett, das sie nicht mehr braucht.

19 S. 95

a) Die Kinder schenkten **ihrer** Großmutter einen Geburtstagsstrauß.
b) Der Lehrer gibt **dir** die Kreide.
c) Die Passagiere sind **einer großen** Katastrophe entgangen.
d) Wir helfen **unserer** alten Nachbarin beim Einkaufen.
e) Ich schreibe **dir** später.

20 S. 96

a) Die Schüler bedurften der Hilfe des Lehrers.
b) Er bediente sich einer gepflegten Ausdrucksweise.
c) Auf der Flucht entledigte sich der Dieb seiner Beute.
d) Ich harre des Besuchs meines Freundes.
e) Das Kind wurde des Daumenlutschens entwöhnt.
f) Der Dieb bemächtigte sich der Tasche der Passantin.
g) Wir nahmen uns unserer neuen Mitschülerin an.

21 S. 96

Lösungsvorschlag:

a) Die Schüler benötigten die Hilfe des Lehrers.
b) Er benutzte eine gepflegte Ausdrucksweise.
c) Auf der Flucht warf der Dieb die Beute weg.
d) Ich erwarte den Besuch meines Freundes.
e) Dem Kind wurde das Daumenlutschen abgewöhnt.
f) Der Dieb stahl die Tasche der Passantin.
g) Wir kümmerten uns um unsere neue Mitschülerin.

22 S. 97

a) S – P – DO – AO
b) S – P – GO – P
c) DO – P – S – AO
d) S – P – GO
e) DO – P – S – AO – P
f) DO – P – S – AO

23 S. 98

a) S – P – DO – AO
b) AO – P – S
c) S – P – DO
d) DO – P – S – AO
e) DO – P – S – AO
f) P – S – DO – AO

24 S. 98

a) Der Lehrer (S) übergab (P) den Schülern (DO) ihre Arbeiten (AO).
Ihre Arbeiten übergab der Lehrer den Schülern.
Den Schülern übergab der Lehrer ihre Arbeiten
b) Sie (S) gratulierte (P) mir (DO).
Mir gratulierte sie.

25 S. 99

a) Alexander (S) studiert (P) **den** Fahrplan (AO).
b) Hat (P) jemand (S) **sein** Butterbrot (AO) vergessen (P)?
c) **Dieses** Buch (AO) möchte (P) ich (S) haben (P)!
d) Dieses Auto (S) gehört (P) **einem** reichen Mann (DO).

26 S. 99

Subjekte	Prädikate	Dativobjekte	Akkusativobjekte
Der Lehrer	empfahl	den Schülern	eine Fernsehsendung
ich	schenke	dir	Die Blume
Millie Müller	hat … gewonnen		Den ersten Preis
er	Gib, bat	mir	das

27 S. 100

a) Ich informiere mich **über** meine Reise nach Afrika.
b) Die Kinder freuen sich **auf** die Ferien.
c) Die Mannschaften verstehen sich prächtig **mit** ihren Gegnern.
d) Er wartet **auf** seine Bücher.

28 S. 101

a) Über was/Worüber informiere ich mich? Über meine Reise nach Afrika.
b) Auf was/Worauf freuen sich die Kinder? Auf die Ferien.
c) Mit wem verstehen sich die Mannschaften prächtig? Mit ihren Gegnern.
d) Auf was/Worauf wartet er? Auf seine Bücher.

29 S. 101

a) Die Rechtsanwälte verklagten das Unternehmen **auf** Schadensersatz.
Fragewort: Worauf?
b) Die Kinder beschenkten die Großmutter **mit** einer Geburtstagstorte.
Fragewort: Womit?
c) Die Kinder gratulieren dem Rektor **zum** 20. Dienstjubiläum.
Fragewort: Wozu?
d) Der Teamleiter verfügt **über** eine gute Menschenkenntnis.
Fragewort: Worüber?
e) Er wartet **auf** eine dringende Lieferung.
Fragewort: Worauf?
f) Er freute sich **auf** seinen Urlaub.
Fragewort: Worauf?

30 S. 102

a) Genitivattribut
b) Adjektivattribut
c) präpositionales Attribut
d) Pronomen
e) Apposition
f) Zahlwort

31 S. 103

a) Brillante Farben ohne Nachtönen! Adjektivattribut, präpositionales Attribut
b) Voller Genuss bei halbem Preis! Adjektivattribut, präpositionales Attribut
c) Unser Bestes nur für Sie! Pronomen, präpositionales Attribut
d) Die Sensation des Jahres! Genitivattribut
e) Der beste Kaffee: stark, vollmundig, lecker! Adjektivattribut
f) Milchreis mit neuen Geschmacksrichtungen! präpositionales Attribut

32 S. 103
a) Apposition
b) Adverb als Attribut
c) Genitivattribut
d) präpositionales Attribut
e) Apposition
f) Adjektivattribut
g) Genitivattribut

33 S. 104
a) Gestern (Zeit) auf dem Sportplatz (Ort) fing er aus Wut (Grund) ganz laut (Art und Weise) an zu schreien.
b) Letzten Montag (Zeit) ist Janne an der Tafel (Ort) vor Schreck (Grund) kreidebleich (Art und Weise) zurückgewichen.
c) Jule hat auf dem Heimweg (Ort) vor Freude (Grund) laut (Art und Weise) gesungen.

34 S. 105
schnell (adverbiale Bestimmung der Art und Weise; die anderen sind adverbiale Bestimmungen der Zeit)

35 S. 105
a) AW – Z – O
b) Z – G – O
c) Z – O – G – AW

36 S. 105
a) Präposition mit Substantiv
b) Adjektiv
c) Präposition mit Substantiv
d) Adverb
e) Adjektiv
f) Präposition mit Pronomen
g) Adverb

38 S. 106
Lösungsvorschlag:
a) Ich sah sein entsetztes Gesicht. Entsetzt schrie er auf.
b) Ich hörte ein vorsichtiges Klopfen. Vorsichtig betrat ich den Raum.
c) Ich spürte einen sanften Schubs. Er schubste mich sanft vor sich her.
d) Der wütende Mann erschreckte mich. Wütend schaute er mich an.

39 S. 107
a) auf dem riesigen Platz: adverbiale Bestimmung
b) aus den umliegenden Dörfern: Attribut
c) im nahe gelegenen Großmarkt: adverbiale Bestimmung
d) aus dem Großmarkt: Attribut – aus weit entfernten Ländern: adverbiale Bestimmung
e) auf dem Großmarkt: adverbiale Bestimmung – aus weit entfernten Ländern: Attribut

40 S. 108
a) Nach den Ferien: adverbiale Bestimmung *(wann?)*, zum Geburtstag: Präpositionalobjekt *(wozu?)*
b) an der Haltestelle: adverbiale Bestimmung *(wo?)*, nach der Abfahrtszeit: Präpositionalobjekt *(wonach?)*

41 S. 108
a) adverbiale Bestimmung
b) präpositionales Objekt
c) Attribut
d) adverbiale Bestimmung, adverbiale Bestimmung

42 S. 109
a) Präpositionalobjekt im Akkusativ
b) adverbiale Bestimmung der Art und Weise
c) Präpositionalobjekt im Dativ
d) Präpositionalobjekt im Akkusativ
e) adverbiale Bestimmung der Art und Weise
f) Präpositionalobjekt im Akkusativ
g) adverbiale Bestimmung der Zeit
h) adverbiale Bestimmung der Zeit
i) adverbiale Bestimmung des Ortes

4 Der Satz

1 S. 110
Grobian Gerhardsen ist seit zwei Wochen Meister im ostfriesischen Dreikampf. Gestern scheiterte er aber an der Verbesserung des Weltrekords. In der Disziplin „Teebeutelweitwurf" nahm er einen Teebeutel mit doppelter Füllung. Trotzdem gelang ihm keine neue Bestmarke. Die Tage vorher hatte es stark geregnet. Aus diesem Grund endete auch die zweite Disziplin kläglich. Beim Grabenweitsprung blieb der Stab mitten im Graben stecken. Grobian rutschte in den Graben. Er wurde dabei völlig durchnässt. Das Torfstechen als dritte Disziplin musste komplett ausfallen. Es war kein Spaten zu finden.

2 S. 111
Entscheidungsfrage: a), b), e), g)
Ergänzungsfrage: c), d), f), h)

3 S. 112
Das Schiff fuhr nach Ostindien und ich hatte als Arzt nicht viel zu tun. Doch eines Nachts

gerieten wir in einen fürchterlichen Sturm. Welch ein Unwetter zog über uns her! (.) Nach mehreren Tagen Kampf gegen die Naturgewalten zerbrach die „Antilope" und versank. Was sollte jetzt aus mir werden? Ich trieb ohne Hoffnung auf Rettung allein auf den Wellen durch die dunkle Nacht. Da, plötzlich fühlte ich Grund unter meinen Füßen! (.) Wo war ich? Ich stolperte durch den nassen Sand und betrat festen Boden. Nirgends sah ich Zeichen menschlichen Lebens. Nun, fürs Erste war ich gerettet! (.) Beruhigt schlief ich ein.
Am nächsten Morgen wollte ich mich wohlig in der warmen Sonne räkeln. Doch was war das? Ich konnte mich nicht bewegen! (.) Jetzt wollte ich mich aufsetzten. Es misslang. Noch nicht einmal den Kopf konnte ich bewegen. Was war in der Nacht geschehen? Mit langsamen Bewegungen versuchte ich, den Kopf aus seiner seltsamen Starre zu befreien. Nach Verlust mehrerer Haare konnte ich den Kopf wenigstens so weit bewegen, dass ich an mir hinunterschauen konnte. Ich war von Kopf bis Fuß gefesselt! (.) Doch wer hatte dieses Kunststück vollbracht?

4 S. 113
Lösungsvorschlag:
a) Der Lehrer schreibt an die Tafel.
b) Die Schüler stöhnen leise.
c) Die Schulzeit am Morgen dauert ewig.
d) Mein Klassenkamerad neben mir redet ohne Pause.
e) Das Klingelzeichen ertönt endlich.
f) Der Pausenhof füllt sich schnell.

5 S. 114
a) Wollt ihr am Wochenende ins Kino oder lieber in den Klub?
b) Maxi will nicht mitkommen, er weiß nicht, *ob er den Film* schon *gesehen hat*.
c) Paula hat keine Ahnung, *wo die Kinokarten geblieben sind*.
d) Ich rate euch, sucht diese Karten endlich!
e) Habt ihr sie jetzt gefunden oder seid ihr immer noch bei der Suche?
f) Es ist aber sehr fraglich, *ob wir jetzt noch rechtzeitig ins Kino kommen*.

6 S. 114
Lösungsvorschlag:
a) Ich bin gespannt auf das Marktplatzfest, weil der Bürgermeister eine Überraschung für die Kinder angekündigt hat.
b) Meine Cousine kommt auch, obwohl sie dann eigentlich Nachhilfeunterricht hat.
c) Sogar Hannes hat zugesagt, als ich ihn eingeladen habe.
d) Hoffentlich wird es ein schönes Fest, damit alle ihren Spaß haben.

7, 8 S. 115
Weil ein Orkan über der Nordsee tobte, gerieten einige Schiffe in Seenot. Der Sturm knickte etliche Bäume um, während er über das Festland fegte. Da im Rundfunk vor dem Sturm gewarnt worden war, wagten sich nur wenige Menschen ins Freie. Weil Bäume auf Autos stürzten, entstand ein hoher Sachschaden. Nachdem der Sturm nachgelassen hatte, konnte man erst das ganze Ausmaß des Schadens, der sehr beträchtlich war, abschätzen. Die Geschädigten, die hauptsächlich direkt an der Küste wohnen, können sich glücklich schätzen, wenn sie eine Sturmversicherung abgeschlossen haben.

9 S. 116
a) SG
b) SR
c) SR
d) SR
e) SR
f) SG

10 S. 117
Bei Satz b) kann das Komma auch weggelassen werden.

11 S. 117
a) Da wir mit unserer Inszenierung überraschend erfolgreich waren, beschlossen wir weitere Aufführungen am nächsten Wochenende.
b) Einige Rollen mussten umbesetzt werden, weil mehrere Mitspieler krank geworden waren.
c) Unser Lehrer ließ uns, da wir zu einem Schultheaterfestival eingeladen worden waren, das Stück noch mehrmals intensiv proben.
d) Die Schülerinnen und Schüler im Publikum zeigten ihre große Begeisterung, indem sie spontan Bravo riefen, begeistert pfiffen und lange applaudierten.

12 S. 118
Die Herbstferien sind am Samstag zu Ende, deshalb ist unsere letzte Woche im Ferienlager nun angebrochen. (kausal)
Gestern Abend haben wir bis spät in die Nacht am Lagerfeuer gesessen, deswegen haben wir heute Morgen alle lange geschlafen. (kausal)

Leider hat heute Morgen Maries Wecker nicht geklingelt, dadurch hat sie verschlafen und es nicht geschafft, beim Bäcker Brötchen zu holen. (kausal)
Ich habe viel Spaß im Ferienlager, trotzdem freue ich mich auch auf mein Zuhause. (adversativ)

13 S. 119
a) Gleichzeitigkeit, b) Nachzeitigkeit, c) Vorzeitigkeit, d) Nachzeitigkeit, e) Gleichzeitigkeit, f) Vorzeitigkeit, g) Vorzeitigkeit

14 S. 120
Lösungsvorschlag:
Theo, ein vierzehnjähriger Schüler aus Köln, schleppt beim Umzug in der Schule einen schweren Schrank, der sehr alt und rostig aussieht, die Treppe hinauf. Da sagt der Lehrer, der heute wegen des Umzugs besonders gestresst ist, zu Theo, dem vor Anstrengung schon der Schweiß auf der Stirn steht: „Ich habe doch ausdrücklich gesagt, dass Ben und Max, die Zwillingsbrüder aus der 8b, dir bei dieser schweren Arbeit helfen sollen, weil du dich sonst verletzen könntest." Darauf antwortet Theo schnaufend, denn er hat schon fast keine Kraft mehr, was auch der Lehrer gleich gesehen hat: „Na, das tun sie, meine besten Freunde, doch auch, weil ich sie gefragt habe. Sie sitzen, unter sehr beengten Platzverhältnissen, beide im Schrank und halten die Ordner, welche wir so dringend brauchen, fest, damit sie nicht rausfallen."

15 S. 121
a) Weil ich noch Hausaufgaben machen musste, kam ich zu spät. – Ich kam, weil ich noch Hausaufgaben machen musste, zu spät.
b) Es klingelte an der Tür, als ich mit meiner Mutter beim Mittagessen saß. – Es klingelte, als ich mit meiner Mutter beim Mittagessen saß, an der Tür.

16 S. 121
Er verpasste den Zug, sodass er mit dem Rad fahren musste, das noch im Keller stand, weil er es seit Wochen nicht mehr gebraucht hatte.
Den Pulli, den du mir geschenkt hast, habe ich sofort angezogen, weil er so schön war.

17 S. 122
Hauptsatz, **Nebensatz 1**, *Nebensatz 2*, ***Nebensatz 3***, *Nebensatz 4*, Nebensatz 5
Am Fuße der Alpen bei Locarno im oberen Italien befand sich ein einem Marchese gehöriges Schloss, **das man jetzt,** *wenn man vom St. Gotthard kommt,* **in Schutt und Trümmern liegen sieht:** ein Schloss mit hohen und weitläufigen Zimmern, ***in deren einem einst auf Stroh,*** *das man ihr unterschüttete,* ***eine alte kranke Frau,*** die sich bettelnd vor der Tür eingefunden hatte, ***von der Hausfrau aus Mitleiden gebettet worden war.***

18 S. 123
Der Marchese, **der bei der Rückkehr von der Jagd zufällig in das Zimmer trat,** *wo er seine Büchse abzusetzen pflegte,* befahl der Frau unwillig, ***aus dem Winkel,*** *in welchem sie lag,* ***aufzustehn und sich hinter den Ofen zu verfügen.***

19 S. 124
a) Unser Haus, das letzte Woche gestrichen wurde, sieht aus wie neu.
b) Die coolen Sneakers, die ich mir gestern gekauft habe, waren teuer.
c) Das Haus der Geschichte, das über die Geschichte der Bundesrepublik Deutschland informiert, ist ein Museum.

20 S. 125
Eine Schulfreundin, **die** ich schon seit der ersten Klasse kenne, hat einen jüngeren Bruder, **der** immer versucht, uns zu ärgern. Gestern hat er in meine Schultasche, **die** auf dem Flur stand, eine matschige Tomate gesteckt.
Diese Tomate, von **der** sich teilweise schon die Haut gelöst hatte, hat mein neues Mäppchen, **das** ich gerade zum Geburtstag bekommen hatte, verschmutzt.
Meine Freundin hat noch einen Bruder, **der** älter ist. Der Große hat dem Kleinen, **der** auch ihn schon öfter geärgert hat, ordentlich seine Meinung gesagt.
Der Kleine, **der** sich aber nichts sagen lässt, ist sofort zu seiner Mutter gerannt, **die** ihn meistens in Schutz nimmt.
Dieses Mal hat sie dem Kleinen, **der** damit überhaupt nicht gerechnet hatte, aber eine „Strafe" gegeben. Er muss mir mein Mäppchen, **das** nicht besonders teuer war, von seinem Taschengeld ersetzen.

21 S. 126
a) Ein Mann geht über eine Kreuzung, die stark befahren ist.
b) Josie, die heute Geburtstag feiert, erhält viele *sorgfältig ausgesuchte* Geschenke.
c) Der Schreibtischstuhl, den ich mir gestern gekauft habe, gefällt mir sehr gut.

d) Das Foto meiner Tochter, das an der Wand, die weiß gestrichen ist, hängt, erinnert mich an meine Großmutter.
e) Die Vase, die auf dem Klavier steht, hat einen Sprung.
f) Der *gefährliche* Wolf verfolgt ein Schaf, das angstvoll flieht und das wahrscheinlich keine Chance hat.
g) Der Brief meines Bruders, den ich schon lange erwartet hatte, kam heute endlich bei mir an.
h) Der *grün gestrichene* Zaun muss dringend erneuert werden.
i) Die Holzpuppe, die einen *blau geringelten* Pullover trägt, hängt von der Decke herunter.
j) Bei *eine Hauptstraße kreuzenden* Wegen muss man sehr vorsichtig sein.
k) Der *üppig blühende* Trompetenbaum, der in der Gartenecke steht, gefällt mir sehr.
l) Die Tageszeitung, die wir abonniert haben, ist heute nicht gekommen.
m) Die *heiser krächzende, vor meinem Fenster sitzende* Krähe geht mir auf die Nerven.
n) Mein Freund Henry liebt *rote, stachellose, hochstämmige und pilzresistente* Rosen.

22 S. 127
a) Ich habe keine Ahnung, wohin der Schatz verschwunden ist.
b) Bennet geht gerne spazieren, während es regnet.
c) Wir bereiten uns gut auf das Konzert vor, indem wir jeden Tag üben.
d) Ich gehe gerne bei Regen spazieren, weil ich den Regen sehr mag.
e) Auch meine Freundin Enya spaziert gerne im Regen, wenn die Temperaturen richtig hoch sind.
f) Ich werde heute nicht mehr fertig werden, sodass ich auf die Arbeit nicht gut vorbereitet bin.
g) Ich werde die halbe Nacht durcharbeiten, damit ich auf die Arbeit perfekt vorbereitet sein werde.
h) Obwohl wegen des starken Regens die Bäche übergelaufen sind, ist unser Keller trocken geblieben.

23 S. 128
Obwohl das Wetter gut ist, hockt Heinrich in seinem Zimmer.
Als die Sonne aufging, war es heute genau fünf Uhr.
Weil das Freibad überfüllt ist, ist die Freibadkasse geschlossen.
Weil er Freude am Angeln hat, sitzt Lutz jedes Wochenende am Baggersee.
Während wir uns zum Fußballspiel warm liefen, verstauchte sich Henry den rechten Fuß.
Obwohl die Dämmerung einbricht, spielen wir weiter.

24 S. 129
a) Die Lehrerin möchte wissen, welcher Berg der höchste ist.
Der Schüler fragt, ob sie den höchsten Berg der Welt oder den höchsten Berg in Europa meint.
b) Herr Müller erkundigt sich, ob heute noch ein Zug nach Hannover fährt.
Frau Müller möchte wissen, wann der Zug abfährt und was die Fahrkarte kostet.
c) Die Lehrerin fragt, welcher Fluss der längste Fluss in Europa ist.
d) Frau Müller will wissen, wie lange die Bahnfahrt dauert.

25 S. 130
a) Wir empfehlen dir sehr, dass du auch einen einfachen Infinitiv durch ein Komma abtrennst.
b) Die Abtrennung des Infinitivs durch ein Komma ist sinnvoll, damit die Satzstruktur deutlicher gemacht wird.
c) Aber die Rechtschreibregeln erlauben es, dass der einfache Infinitiv nicht durch Komma abgetrennt wird.
d) Es hat aber keinen Sinn, dass man sich darüber streitet, denn die Rechtschreibkommission hat die Regelung so beschlossen.
e) Es ist also jedem freigestellt, ob er bei einfachem Infinitiv ein Komma setzt oder nicht.

26 S. 130
a) Wir empfehlen dir sehr(,) auch einen einfachen Infinitiv durch ein Komma abzu trennen.
b) Die Abtrennung des Infinitivs durch ein Komma ist sinnvoll, um die Satzstruktur deutlicher zu machen.
c) Aber die Rechtschreibregeln erlauben es, den einfachen Infinitiv nicht durch Komma abzutrennen.
d) Es hat aber keinen Sinn, sich darüber zu streiten, denn die Rechtschreibkommission hat die Regelung so beschlossen.
e) Es ist also jedem freigestellt, ein Komma bei einfachem Infinitiv zu setzen oder nicht.

27 S. 131
a) Es macht unserem Hund sichtlich Freude, jedem geworfenen Stock hinterherzulaufen.

b) Der Kellner balanciert das Tablett, ohne etwas zu verschütten, die steile Treppe hinauf.
c) Man sollte stets bemüht sein, seine Leistungen in der Schule zu verbessern, das sage ich dir als dein Freund.
d) Deinem Plan, mit dem Fahrrad quer durch Europa zu fahren, kann ich nur widersprechen.
e) Einfach die Schule zu schwänzen, dazu hast du kein Recht.
f) Deinen Grundsatz, bei Klassenarbeiten niemals zu mogeln, kann ich nur rühmen.
g) Ich habe darauf gewartet, die Sonne aufgehen zu sehen.
h) Immer die richtige Entscheidung zu treffen, das ist gar nicht so einfach.
i) Lotta geht in den Keller, um frische Marmelade zu holen

28 S. 132
a) Als wir am Meer angekommen waren, nahmen wir sofort ein Bad.
Am Meer angekommen(,) nahmen wir sofort ein Bad.
b) Während er nach allen Seiten aufmerksam den Strand beobachtete, kam der Bademeister auf uns zu.
Nach allen Seiten aufmerksam den Strand beobachtend(,) kam der Bademeister auf uns.
c) Indem er energisch den Kopf schüttelte, machte er uns deutlich, dass er mit unserem Bad nicht einverstanden war.
Energisch den Kopf schüttelnd(,) machte er uns deutlich, dass er mit unserem Bad nicht einverstanden war.
d) Während er aus vollem Halse schimpfte, kam er schnell auf uns zu.
Aus vollem Halse schimpfend(,) kam er schnell auf uns zu.
e) Als wir aus dem Wasser gekommen waren, sahen wir die Tafel mit den Badezeiten.
Aus dem Wasser gekommen(,) sahen wir die Tafel mit den Badezeiten.

29 S. 133
Vorsichtig nach allen Seiten lauschend (,) läuft das Reh auf die Lichtung.
In der Ferienwohnung angekommen (,) machten wir es uns erst einmal gemütlich.
Gerade erst im Lotto gewonnen (,) hatte Emil das Geld auch schon wieder ausgegeben.
Das Mittagessen aufwärmend (,) bäckt Michel auch noch einen Kuchen.

30 S. 133
Indem es vorsichtig nach allen Seiten lauscht, läuft das Reh auf die Lichtung.
Nachdem wir in der Ferienwohnung angekommen waren, machten wir es uns erst einmal gemütlich.
Nachdem er gerade erst im Lotto gewonnen hatte, hatte Emil das Geld auch schon wieder ausgegeben.
Während er das Mittagessen aufwärmt, bäckt Michel auch noch einen Kuchen.

31 S. 134
a) Anna betritt(,) einen geleerten Papierkorb tragend(,) die Klasse.
Anna betritt die Klasse, während sie einen geleerten Papierkorb trägt.
b) Der Lehrer kommt(,) noch über einen Witz lachend (,) in das Lehrerzimmer
Der Lehrer kommt in das Lehrerzimmer, während er noch über einen Witz lacht.

32 S. 134
a) Aufgeregt bellend(,) kommt uns unser Hund entgegengerannt.
b) Kräftig mit dem Schwanz wedelnd(,) zeigt er seine Freude.
c) Erwartungsvoll jaulend(,) macht er deutlich, dass er noch einmal loslaufen möchte.

33 S. 135
a) Funktion: Objektsatz; Form: indirekter Fragesatz
b) Funktion: Subjektsatz; Form: indirekter Fragesatz
c) Funktion: Objektsatz; Form: Konjunktionalsatz (dass-Satz)
d) Funktion: Objektsatz; Form: indirekter Fragesatz

34 S. 136
a) Lokalsatz
b) Temporalsatz
c) Konditionalsatz
d) Konsekutivsatz
e) Finalsatz
f) Kausalsatz
g) Konzessivsatz
h) Modalsatz

35 S. 137
a) Wegen des wechselhaften Wetters müssen die Mechaniker die Reifen besonders sorgfältig auswählen.

Weil das Wetter wechselhaft ist, müssen die Mechaniker die Reifen besonders sorgfältig auswählen.

b) Bei Sonnenschein und großer Hitze sind andere Reifen auszuwählen als bei leichtem Nieselregen.
Wenn die Sonne scheint und es sehr heiß ist, sind andere Reifen auszuwählen, als wenn es leicht nieselt.

c) Die endgültige Entscheidung wird meist erst nach dem ausgiebigen Studium der Wettervorhersage getroffen.
Die endgültige Entscheidung wird meist erst getroffen, nachdem man die Wettervorhersage ausgiebig studiert hat.

d) Wegen ihrer großen Erfahrung können die Mechaniker aber viele Entwicklungen schon vorhersehen und rechtzeitig entscheiden.
Weil sie so große Erfahrung haben, können die Mechaniker aber viele Entwicklungen schon vorhersehen und rechtzeitig entscheiden.

36 S. 138
Lösungsvorschlag:

a) Der dienstabende Streckenposten muss konzentriert sein.
Der Streckenposten, der Dienst hat, muss konzentriert sein.

b) Die Aufschrift auf dem Auto wirbt für eine Bekleidungsfirma.
Die Aufschrift, die auf dem Auto steht, wirbt für eine Bekleidungsfirma.

c) Das schnellste Auto gewinnt.
Das Auto, das am schnellsten ist, gewinnt.

d) Das Auto mit den besten Reifen hat große Chancen.
Das Auto, das über die besten Reifen verfügt, hat große Chancen.

e) Nach dem Rennen wird überprüft, ob das Auto des Siegers den Regeln entspricht.
Nach dem Rennen wird überprüft, ob das Auto, das dem Sieger gehört, den Regeln entspricht.

f) Der siegreiche Motorsportler wird mit einem Pokal und einer Flasche Champagner geehrt.
Der Motorsportler, der gesiegt hat, wird mit einem Pokal und einer Flasche Champagner geehrt.

37 S. 139

a) Was kann er nicht glauben? Objektsatz, Konjunktionalsatz

b) Wann mussten wir leider nach Hause? Adverbialsatz, Konjunktionalsatz

c) Wen liebe ich auch? Objektsatz, indirekter Fragesatz

d) Über was/Worüber wundern sich die Bürger? Objektsatz, Konjunktionalsatz

5 Grammatik und Stil

1 S. 140
Lösungsvorschlag:

	Denotation	Konnotation
Spinne	sechsbeiniges Insekt	negativ: löst Ekel aus
Nacht	Zeitspanne von abends bis morgens	negativ: Gefahr, Gruseln, Einsamkeit positiv: romantische Gefühle
Esel	Säugetier, dem Pferd verwandt	dummer, törichter Mensch
Mond	Himmelskörper	Romantik, Friede, Ruhe
schlicht	einfach, unkompliziert	negativ: „schlichtes Gemüt" positiv: „schlichtes Design"
Rose	Blumen mit Stacheln	Liebe, Romantik, Gefühle

2 S. 141

leidenschaftlicher und raschlebiger Sommer
neutral: Sommer mit vielen Ereignissen, der dadurch schnell vergeht

schwülen Mondnächten ... schwüle Regennächte
negativ: drückendes, feuchtes und dadurch unangenehmes Klima

fieberten ... die Wochen
negativ: mit Fieber ist man krank, schläft und bekommt nicht viel mit, z. B. Fieberwahn

sank tief und schwindelnd ... hinab
negativ: so hoch und steil gelegen, dass einem schwindelig wird, Schwindel ist unangenehm

tief durchschattetes Gewühl
positiv: natürlich angelegter Garten mit vielen Bäumen
negativ: unübersichtlicher, dunkler Garten

blaßspiegelnd die großen blechernen Blätter
negativ: Blätter wirken in der Mondnacht wie Blech und spiegeln das Mondlicht; Metall wirkt kalt

inniger Zitronengeruch
positiv: Geruch bekommt menschliche Eigenschaft, heißt hier intensiv, Zitronen riechen frisch und angenehm
gepeinigten Stimme
negativ: die Stimme hört sich gequält und unangenehm an

3 S. 142
a) schlechte, angespannte Stimmung, unangenehme Atmosphäre
b) schnell
c) Sie erschrak, erstarrte (den Schrecken körperlich spüren).
d) Die Sonne scheint.
e) Zu Hause gab's Ärger, der Schüler oder die Schülerin wird für die Fünf ausgeschimpft.
f) Sie hat ihn sehr unglücklich gemacht.

4 S. 142
a) Nagelkopf
b) Flussarm
c) Lampenfieber
d) Jemandem geht ein Licht auf.
e) Warteschlange

5 S. 143
a) V
b) M
c) V
d) M
e) P
f) V
g) V
h) M
i) V
j) P
k) M
l) M
m) M
n) P

6 S. 144
a) „wie Gold" – Der Vergleich mit einem kostbaren Edelmetall wertet das Auto auf.
b) „Nussschale" – Ein Sinnbild für die Gefahr: Mit einem winzigen Gefährt sollte man nicht auf dem riesigen See fahren.
c) „steht auf" – Bedeutet hier im übertragenen Sinn „mag Sara", „ist in sie verliebt".
d) „am Fuß des Berges" – Die Füße sind bei Menschen und Tieren unten, das gilt auch für den Berg.
e) „bleich wie Elfenbein" – Der Vergleich mit einem nicht nur kostbaren, sondern auch edel aussehenden Material wertet das Gesicht auf.
f) „blitzschnell" (auch „schnell wie der Blitz") – Der nur Sekundenbruchteile dauernde Blitz verdeutlicht extreme Schnelligkeit.

8 S. 145
a) Teller, Tasse, Unterteller: Geschirr
b) Messer, Gabel, Löffel: Besteck
c) Dackel, Dalmatiner, Schäferhund: Hunderassen
d) Gewürze: Pfeffer, Chili, Curry
e) Haustiere: Hunde, Katzen, Goldhamster
f) Pflanzen: Bäume, Sträucher, Blumen

9 S. 145
Kleidung: Hose, Hemd, Bluse, Kleid, Pullover, T-Shirt, Mantel, Strümpfe, Jacke ...

10, 11 S. 146
Lösungsvorschlag:
Der Klassenraum als Gefängnis
Die Klasse 5a war am Donnerstag, 5. März, nach der 3. Stunde fast 20 Minuten lang in ihrem Klassenraum 245 eingeschlossen. Erdkundelehrer Werner Klose hatte nämlich die Klassentür abgeschlossen, um einigen Schülern, die zu spät aus der Pause kamen, einen kleinen Denkzettel zu verpassen. Als sie dann vor der geschlossenen Tür standen und klopften, wollte er wieder aufschließen, aber das Schloss klemmte! Die Klasse war eingeschlossen! Was nun? Die Schülerin Svea Lummer hatte den rettenden Einfall: „Ich rufe mit dem Handy die Sekretärin an!" Frau Schulte-Sasse benachrichtigte daraufhin den Hausmeister, dem es nach etwa einer Viertelstunde gelang, die Tür zu öffnen.

12 S. 147
Lösungsvorschlag:
a) gehen
b) reden
c) sehen
d) Kleidung
e) Buch
f) Fernsehen
g) schlafen
h) Flasche
i) weinen
j) sterben

13 S. 147
Lösungsvorschlag:
a) Schmierpapier
b) Pauker
c) Köter

d) „Halt den Mund!"
e) sauer
f) Knete
g) Karre
h) Sie zickt.

14 S. 148
Lösungsvorschlag:
Ich weiß auch nicht, wie ich das Buch beurteilen soll: Mal finde ich es sehr gelungen, mal sehr merkwürdig. Es gibt z. B. altmodische Ausdrücke und lange Sätze, sodass es manchmal nicht leicht zu lesen ist. Es dauert lange, bis man in das Geschehen hineinfindet. Mir kam es zu Beginn recht langweilig vor, da habe ich noch nicht verstanden, worum es geht. Was die Spannung angeht, war dann der zweite Teil am besten, da gewinnt die Handlung an Fahrt. Ich bin ja sowieso ein Liebhaber von Science-Fiction-Romanen, das kommt hinzu – lasst euch also sagen: Das Buch wird im zweiten Teil richtig gut!

15 S. 148
„Schnauze" ist die standardsprachliche Bezeichnung für die Mundpartie von Tieren. Wenn ich das Wort „Schnauze" aber auf einen Menschen anwende, wird es abwertend, derb umgangssprachlich.

16 S. 149
Lösungsvorschlag:
Ein Schüler erlebt seinen ersten Tag an seiner Praktikumsstelle und lernt zunächst eine Sekretärin kennen. Dann besucht er kurz den Chef Axel, den er schon kennt. Der vorherrschende Eindruck ist Langeweile.

17 S. 150
a) Der Zug bremst.
b) Das Schiff dreht bei / geht vor Anker.
c) Das Auto stoppt.
d) Das Flugzeug landet.
e) Der Redner kommt zum Schluss.
f) Die Maschine kommt zum Stillstand.
g) Das Licht schwindet.
h) Das Lied klingt aus / verklingt.

18 S. 150
a) die Hausarbeit machen: erledigen
b) eine Inhaltsangabe machen: anfertigen
c) das Fenster zumachen: schließen
d) einen Brief aufmachen: öffnen
e) Kerzen ausmachen: löschen
f) einen Fleck wegmachen: entfernen
g) einen Rock länger machen: verlängern
h) eine Schraube losmachen: lockern
i) den Fernseher anmachen: einschalten

19 S. 151
a) eine Straße breiter machen: verbreitern
b) viel Geld machen: verdienen
c) eine Arbeit fertig machen: erledigen
d) ein langes Gesicht machen: ziehen
e) Lärm machen: lärmen
f) einen Ausflug machen: unternehmen
g) ein Feuer machen: anzünden
h) jemandem Freude machen: bereiten
i) Mut machen: zusprechen
j) jemandem etwas vormachen: vorspielen
k) Musik machen: musizieren
l) bei einer Unternehmung mitmachen: sich anschließen

20 S. 152
Lösungsvorschlag:
a) Ein Drachen steht ...
b) In dem Teich schwimmen ...
c) Vorne am Gerät befinden sich ...
d) Wolken ziehen ...
e) Auf dem Marktplatz hat sich eine große Menge (viel Publikum) eingefunden.
f) ... zieht sich ein hoher Zaun; das Grundstück ist umgeben von einem hohen Zaun.
g) Auf dem Dach nisten Störche.
h) Der Aufsatz wimmelt von Fehlern.
i) Warstein feiert Schützenfest.

21 S. 153
Lösungsvorschlag:
„Ich würde gerne ins Kino gehen", überlegt Lenny. „Ich habe heute keine Lust dazu", erwidert Marsha. „Ich will aber gerne den neuen James Bond sehen", beharrt Lenny. „Aber ich nicht!", ruft Marsha. „Dann lass uns einen anderen Film anschauen", schlägt Lenny vor. „Na gut", lenkt Marsha ein. „Wie wäre es zum Beispiel mit einer Komödie?", fragt Lenny. „Ich würde lieber einen Dokumentarfilm anschauen", hält Marsha dagegen. „Also, dazu habe ich nun wieder keine Lust", seufzt Lenny.

22 S. 153
Lösungsvorschlag:
a) Der Spaziergänger **wandert** durch den Park.
b) Der Hund **läuft** um den Baum herum.
c) Die Kinder **begeben sich** von der Schule nach Hause.
d) Der Politiker **marschiert** die Ehrenformation ab.

e) Die Kühe **trotten** auf der Weide umher.
f) Der Filmstar **schreitet** bei der Oscarverleihung die Treppe herunter.
g) Der durstige Mann **eilt** zur Quelle.
h) Das Auto **funktioniert (!)** trotz aller Versuche nicht.
i) Die Katze **schleicht** auf Vogeljagd durch den Wald.
j) Der Zeitungsreporter **hastet** in die Redaktion.
k) Der Tiger **schleicht** auf Nahrungssuche durch die Savanne.
l) Das kleine Kind **schwankt** zum ersten Mal alleine durch das Wohnzimmer.
m) Das Nashorn **stampft** zur Wasserstelle.
n) Die Eiskunstläuferin **schwebt** über das Eis.
o) Die Ente **watschelt** mit ihren Küken quer über die Straße.

23 S. 154
a) „Das ist ja **eine Katastrophe** von großem Ausmaß!", schrie die Lehrerin entsetzt.
b) Die Mitglieder der Tanzgruppe hatten **einheitliche** Kleidung an.
c) Wegen dieser **Lappalie** musst du dir nun wirklich keine Gedanken machen.

24 S. 154
a) Monitor
b) Autorin
c) Keyboard
d) Banner
e) Klappentext
f) Diabetes
g) Diagramm
h) Stethoskop
i) Prozess
j) Asyl
k) voltigieren
l) Monarchie
m) Schlagzeile
n) Parlament
o) Attentat
p) Zunft
q) Abt
r) Fohlen
s) Fontäne
t) Drehbuch
u) Publikum
v) Bug
w) Tragflächen
x) Pandemie
y) Makler
z) Börse

25 S. 156
a) spachteln, etwas zu sich nehmen, speisen, futtern, fressen, mampfen, dinieren, sich stärken, sich den Bauch vollschlagen, verzehren, reinhauen, schmausen, schlemmen, prassen, tafeln
b) schauen, blicken, wahrnehmen, glotzen, gucken, stieren, starren, in den Blick nehmen, fixieren, beobachten, spähen

26 S. 156
a) .. schwer wie Blei
b) ... tief und fest wie ein Murmeltier
c) Wie ein Blitz ...
d) .. stumm wie ein Fisch
e) ... rannte wie von einer Tarantel gestochen / wie gehetzt / als würde er gejagt
f) ... zitterte wie Espenlaub, er schrie wie am Spieß
g) ... traf ihn wie ein Keulenschlag / wie ein nasser Waschlappen
h) ... scharf wie eine Rasierklinge
i) ... blau wie das Meer
j) ... laut wie der Schulgong
k) ... wie ein Dieb in der Nacht

27 S. 157
a) ein sehr elegantes Cabriolet – hat Allradantrieb und 150 PS – so geräumig wie ein amerikanischer Straßenkreuzer aus den 1970er-Jahren
b) aufregend – erholsam – abenteuerlich
c) sehen gut aus und sind extrem bequem – ganz neu auf den Markt gekommen
d) stinklangweilig – vollkommen unrealistisch – kitschig und sentimental
e) hat eine scheußliche Farbe – ist ausgeleiert und verwaschen – ist viel zu klein, seit es in der Wäsche eingegangen ist

28 S. 157
Die Tanzstunde gestern war ~~wirklich richtig~~ toll. Zuerst hatte ich ~~ja überhaupt~~ keine Lust auf diese Veranstaltung. Doch nun bin ich ~~echt~~ unglaublich froh, dass Leah mich ~~dahin~~ mitgenommen hat. Die Tanzlehrer waren ~~tatsächlich~~ sehr nett ~~– Leah hatte mir das schon erzählt –~~ und tanzen können die! Aber das war ja ~~nun~~ nicht das Beste. Das Beste war ~~nämlich~~, dass ich einen ~~super, super süßen~~ tollen Jungen kennengelernt habe und ~~– haltet euch fest! – dann~~ morgen Nachmittag mit ihm ein Eis essen gehe. Die Tanzstunde hat sich für mich ~~also so~~ richtig gelohnt!

29 S. 158

a) Die in Weiß gekleidete und durch Verletzungspech geschwächte Fußballmannschaft verlor das Spiel.
b) Heute ist mir ein auf einem Fuß hinkender und entsetzlich laut krächzender Papagei zugeflogen.
c) Insgesamt sieben unaufhörlich und schrill bellende Dackel und ein Bernhardiner rasten hinter der Katze her.
d) Ein Smartphone ist eine feine Sache, wenn man es nicht in der zu Hause auf dem Schreibtisch stehenden Tasche gelassen hat.
e) Ich verkehre mit meinem Bruder bekannten Prominenten.
f) Ein auf der Bremer Seite der bereits abgefahrenen Fähre nachgesprungener Mann fiel in die Weser.
g) Eine auf meinem Schulschreibtisch herumliegende Rechnung für ein teures Mikroskop versetzt mich in Unruhe.
h) Ein dickleibiges, schweres und ziemlich angestaubtes Buch liegt oben auf der Kommode.

30 S. 159

a) Die Fußballmannschaft, die in Weiß gekleidet und durch Verletzungspech geschwächt war, verlor das Spiel.
b) Heute ist mir ein Papagei zugeflogen, der auf einem Fuß hinkt und entsetzlich laut krächzt.
c) Insgesamt sieben Dackel, die unaufhörlich und schrill bellten, und ein Bernhardiner rasten hinter der Katze her.
d) Ein Smartphone ist eine feine Sache, wenn man es nicht in der Tasche, die zu Hause auf dem Schreibtisch steht, gelassen hat.
e) Ich verkehre mit Prominenten, die meinem Bruder bekannt sind.
f) Ein Mann, der auf der Bremer Seite der bereits abgefahrenen Fähre nachgesprungen war, fiel in die Weser.
g) Eine Rechnung für ein teures Mikroskop, die auf meinen Schulschreibtisch herumliegt, versetzt mich in Unruhe.
h) Ein Buch, das dickleibig, schwer und ziemlich angestaubt ist, liegt oben auf der Kommode.

31 S. 159

a) Das Geschäft ist geschlossen, weil der Inhaber krank ist.
b) Der Wettbewerb beginnt, wenn die Sonne aufgeht.
c) Frederik trainiert jeden Tag, damit er in die richtige Wettkampfform kommt.
d) Obwohl heftiger Regen fällt, spielen die Kinder draußen im Sandkasten.
e) Franzi ahnt, bevor der Film zu Ende ist, schon den Ausgang.
f) Meiner Tochter ist, obwohl sie sehr vorsichtig war, die EC-Karte gestohlen worden.
g) Da die Vorstellung ausverkauft ist, gibt es keine Eintrittskarten mehr.
h) Obgleich das Wetter eher kalt und regnerisch ist, hat das Freibad geöffnet.

32 S. 159

a) Das Geschäft ist wegen Krankheit des Inhabers geschlossen.
b) Der Wettbewerb beginnt bei Sonnenaufgang.
c) Für die richtige Wettkampfform trainiert Frederik jeden Tag.
d) Trotz heftigen Regens spielen die Kinder draußen im Sandkasten.
e) Franzi ahnt vor dem Ende des Films schon den Ausgang.
f) Trotz großer Vorsicht ist meiner Tochter die EC-Karte gestohlen worden.
g) Wegen Ausverkaufs der Vorstellung gibt es keine Eintrittskarten mehr.
h) Trotz des eher kalten und regnerischen Wetters hat das Freibad geöffnet.

33 S. 160

Du sollst die Höflichkeitsregeln befolgen, also zum Beispiel die Lehrer grüßen, dich bedanken, freundlich gegenüber anderen sein und ihr Eigentum achten, d. h., nicht absichtlich etwas kaputt machen, das jemand anderem gehört, oder jemandem etwas wegnehmen.
Komm nicht zu spät zum Unterricht, sondern sei pünktlich da. Wenn du dich verspätest oder krank bist, entschuldige dich am besten sofort, indem du im Sekretariat anrufst oder eine E-Mail schreibst.
Wichtig ist auch, dass du dich immer gewissenhaft auf den Unterricht vorbereitest. Während des Unterrichts solltest du nicht essen, nicht trinken und auch nicht Kaugummi kauen.
Auf dem Schulhof gilt, dass du dich so verhältst, dass niemand – auch du nicht – zu Schaden kommt. Während der Pausen dürfen, wie auch im Unterricht, keine digitalen Geräte genutzt werden.

Register

A Ableitung 72, 81
Adjektiv 7, 53, 55, 70
Adjektivattribut 102
Adverb 7, 66, 70
adverbiale Bestimmung 104, 108
Adverbialsatz 136, 139
Akkusativobjekt 92
Aktiv 9, 34
Antonym 83
Apposition 102
Artikel 7, 13, 16
Attribut 102, 108
Attributsatz 138 f.
Aufforderungssatz 112
Aussagesatz 110

B Bestimmungswort 76
Bindeadverb 118

D Dativobjekt 94
Deklination 7, 9, 14
Demonstrativpronomen 59
Denotation 140
Dialekt 149

E Ersatzprobe 84
Erzähltempus 22

F finite Form 19
Femininum 9, 13
flektierbar 7
Fragesatz 111, 129
Fremdwort 154
Futur I 9, 21, 26
Futur II 9, 21, 27

G Genitivattribut 102
Genitivobjekt 96
Genus 9, 13
Genus Verbi 9, 34
Grundwort 76

H Hauptsatz 113
Hilfsverb 17
Homonym 82

I Ideolekt 149
Imperativ 9, 18, 42
Indefinitpronomen 61
Indikativ 9, 42
indirekte Rede 44
indirekter Fragesatz 129, 139
infinite Form 18
Infinitiv 18
Infinitivsatz 130, 139
Interjektion 7, 69 f.

K Kasus 9, 14
Komparativ 55
Konjugation 7, 9, 19
Konjunktion 7, 64, 70
Konjunktionalsatz 127, 139
Konjunktiv 9, 42
Konjunktiv I 43 f.
Konjunktiv II 45
Konnotation 140
Kurzwortbildung 78

M Maskulinum 9, 13
Metapher 143
Modalverb 17, 51
Modus 9, 42

N Nebensatz 113, 124 ff., 135 ff.
Neutrum 9
Nominalstil 160
Numeralia 7, 68
Numerus 9, 13

O Objekt 91
Objektsatz 135, 139

P Partizip I 18
Partizip II 18
Partizipialsatz 132, 139
Passiv 9, 34, 36, 38 f., 41
Passivform 38
Perfekt 9, 21, 24
Person 9
Personalform 19
Personalpronomen 56
Personifikation 143
Plural 9, 13
Plusquamperfekt 9, 21, 25
Positiv 55
Possessivpronomen 57
Prädikat 89
Präfix 72
Präposition 7, 62, 70
präpositionales Attribut 102
Präpositionalobjekt 100, 108
Präsens 9, 21
Präteritum 9, 21, 22
Pronomen 7, 56 ff., 70

R Reflexivpronomen 58
Relativpronomen 60, 124
Relativsatz 60, 124, 139

S Satzgefüge 116, 119 f.
Satzreihe 116, 118
Singular 9, 13
Soziolekt 149
Standardsprache 147
Steigerung 55
Steigerungsformen 55
Subjekt 87
Subjektsatz 135, 139
Substantiv 7, 9, 12 ff.
Substantivierung 70
Suffix 72
Superlativ 55
Synonym 79, 156

T täterloses Passiv 41
Tempus 9, 21
Tempusformen 21
transitives Verb 36, 91

U Umgangssprache 147, 157
Umstellprobe 84
unflektierbar 7

V Verb 7, 9, 17 ff., 70
Verbalstil 160
Vergleich 143, 156
Vollverb 17
Vorgangspassiv 39

W Wortfamilie 81
Wortfeld 79
Wortkürzung 78
Wortstamm 18, 72, 81

Z Zahlwort 7, 68, 70, 102
Zusammensetzung 76, 81
Zustandspassiv 39